旅游研究前沿书系

Classic Cases of Health and Wellness Tourism

健康养生旅游经典案例 第2版

邹统钎◎主　编　　　　常东芳◎副主编

剖析世界范围内康养旅游典型案例

类型涵盖：

健康养生旅游城市、健康养生旅游度假区、健康养生旅游酒店

探究由宏观产业布局至中观康养城镇发展至微观康养企业运营规律

旅游教育出版社
·北京·

图书在版编目（CIP）数据

健康养生旅游经典案例 / 邹统钎主编 ; 常东芳副主编. -- 2版. -- 北京 : 旅游教育出版社, 2023.3
（旅游研究前沿书系）
ISBN 978-7-5637-4544-9

Ⅰ. ①健… Ⅱ. ①邹… ②常… Ⅲ. ①旅游产品一研究 Ⅳ. ①F590.7

中国国家版本馆CIP数据核字(2023)第013697号

旅游研究前沿书系
健康养生旅游经典案例（第2版）
邹统钎 主编
常东芳 副主编

策　　划	赖春梅
责任编辑	贾东丽
出版单位	旅游教育出版社
地　　址	北京市朝阳区定福庄南里1号
邮　　编	100024
发行电话	（010）65778403　65728372　65767462（传真）
本社网址	www.tepcb.com
E - mail	tepfx@163.com
排版单位	北京旅教文化传播有限公司
印刷单位	天津雅泽印刷有限公司
经销单位	新华书店
开　　本	710毫米×1000毫米　1/16
印　　张	15.5
字　　数	210千字
版　　次	2023年3月第2版
印　　次	2023年3月第1次印刷
定　　价	68.00元

（图书如有装订差错请与发行部联系）

本书得到以下项目资助支持：

国家社会科学基金艺术学重大项目“国家文化公园政策的国际比较研究”（20ZD02）

前　言

在大众旅游新时代，随着生活水平的提高，人们普遍不再满足于走马观花式的观光旅游；面对不断出现的严峻养老形势、疾病和亚健康等问题，人们的健康和养老危机意识在不断增强；新冠病毒感染的传播，让人们越发认识到健康的重要性。于是，越来越多的人将目光投向了以身心放松为目的的健康养生旅游。根据《2021 年中国旅居康养产业发展白皮书》发布的数据，目前我国中等收入群体已超过 3 亿人，大致占全球中等收入群体的 30% 以上，中产阶级掌握的财富总量达 28.3 万亿，超过美国和日本，跃居世界首位。与中产阶级一起成长的是他们的消费诉求，在大众旅游时代，旅游消费观念升级，中产阶级越来越愿意、也有能力花更多的钱去购买优质、独特的旅游消费体验。在旅游休闲度假中，健康养生旅游迎来了蓬勃发展时期。根据全球健康研究所（Global Wellness Institute）最新发布的全球健康经济数据，2017 年，全球健康经济规模为 4.2 万亿美元，2018 年为 4.5 万亿美元左右。市场上的健康养生旅游产品在不断推陈出新，如韩国的美容、日本的体检、欧洲的氧疗、印度的瑜伽等，也出现了巴拿马、摩洛哥、约旦、突尼斯、菲律宾等新兴康养旅游国家，康养旅游市场竞争日益激烈。

我国继 2015 年提出建设“美丽中国”之后，“健康中国”战略呼之欲出，于 2017 年被首次写入政府工作报告，并上升为国家战略。相比欧美等国家，我国康养旅游尚处于起步阶段。2016 年 1 月国家旅游局（现文化和旅游部）颁布的《国家康养旅游示范基地》标准将康养旅游界定为“通过养颜健体、营养膳食、修心养性、关爱环境等各种手段，使人在身体、心智和精神上都能达到自然和谐的优良状态的各种旅游活动的总和”，并确定了首批 5 个“国家康养旅游示范基地”。中商情报网的数据显示，2016—2020 年我国大健康市场规模由 3.2 万亿元增至 7.4 万亿元，年均复合增长率为 23.3%。

本书继续吸纳补充精彩案例，并延续第 1 版的编写分类，仍将案例分为健康养生旅游城市、健康养生旅游度假区、健康养生旅游酒店三大部分，从各案例的区域资源概况、发展历程、核心特色、未来发展方向等多角度进行综合评述，以期丰富健康养生旅游开发与管理的理论与实践。感谢参与第 1 版编写的晨星、王宁、韩雨桐、李婳婳、张一帆。

在本书编写中，邹统钎任主编，常东芳任副主编，由邹统钎拟定大纲，统一组织编写，常东芳负责统稿与文字编辑。其中第一章、第二章、第三章、第九章、第十一章、第十三章为常东芳在第 1 版基础上进行编写，第十二章为程浩琦在第 1 版基础上进行编写。其余几章具体分工如下：第四章，曾睿；第五章，马文硕；第六章，陈子轩；第七章，凌倩；第八章，徐嘉阳；第十章，向子凝；第十四章，张丽荣；第十五章，冉歆一；第十六章，杨媛媛。

本书得到由邹统钎教授担任首席专家的国家社会科学基金艺术学重大项目“国家文化公园政策的国际比较研究”（20ZD02）的资助。

2016 年在四川眉山洪雅举办的“中国旅游发展 · 北京对话”开启了我对健康养生旅游的系统而深入的研究。感谢 Cornell Institute for Healthy Futures，Global Wellness Institute 与 Stanford Research Institute 等国际健康养生机构的导引，感谢新奥集团、新华联集团、祥瑞斯佳、华夏基金等机构的帮助。

邹统钎

‖目 录‖

健康养生旅游城市篇

健康养生旅游度假区篇

健康养生旅游酒店篇

健康养生旅游城市篇

第一章

意大利奥尔维耶托（Orvieto）小镇——世界上第一个慢城

奥尔维耶托是一座有幸没有经历工业革命污染的石头城，也是世界上第一个慢城。奥尔维耶托发展理念的关键词就是“慢”，城内有完整的慢行交通系统，城镇居民同样对慢节奏生活有着怀旧情结，生活在其中可以得到身心的放松。奥尔维耶托旨在成为令人满意的居住、工作和访问的场所，这也成为每个慢城的发展理念。

第一节　城市概况：中世纪慢城

一、地理位置：山顶上的石头小城

意大利目前有55座慢城，其中之一就是奥尔维耶托。伊特鲁里亚人建立了这座城市，它坐落在翁布里亚西南部一座巨大的火山凝灰岩平顶上，高居于几乎垂直的凝灰岩悬崖之上，城墙完全用同一块石头建造。这座石头古城位于意大利罗马以北120千米处，正好处于罗马和佛罗伦萨这两大文艺复兴城市的中间，周围是田园牧歌般的富饶的翁布里亚风光。

整个小城分为地上城和地下城两部分。城市建筑由当地石灰岩块建成，地形的限制使得奥尔维耶托逃过了工业革命的污染，保留了中世纪的古老风貌，其中的每座房子每条街道都有着数百年的历史。奥尔维耶托的街道有很多小的广场，最壮观的是大教堂门前的广场。现在奥尔维耶托小镇每年接待约200万的游客。

二、历史文化：教皇的避难所

奥尔维耶托是一座典型的意大利小城，拥有超过3000年的悠久历史。在11世纪，奥尔维耶托成为当时众多城邦中的一个，这些城邦主宰了意大利的历史，直到1870年统一的意大利王国建立为止。这座城市甚至在历史上曾经短暂地被选为天主教教皇的居住地。在意大利历史上的伊特鲁里亚古国时代，这里是一个要塞，曾经被罗马人洗劫，被哥特人蹂躏，后来被伦巴底家族占据。在中世纪的繁荣当中，它曾与佛罗伦萨和西耶那竞争出海口，又被教皇党和皇帝党争夺。1527 年“罗马浩劫”的时候，教皇逃到了奥尔维耶托，这座位于山顶上的石头小城一度成为教皇的避难所。

奥尔维耶托最醒目的标志便是主教堂，由 14 世纪教宗乌尔班四世下令建造，罗伦佐 · 麦塔尼（Lorenzo Maitani）设计。该教堂是为了纪念 1263 年在附近的博尔塞纳镇（Bolsena）发生的一个神迹：年轻的神父主持圣餐礼（纪念耶稣在十字架上为世人的罪流血舍身的仪式，饼代表耶稣的身体，葡萄汁代表耶稣的血）时，从神父所掰开的饼里流出了鲜血还在桌布上形成了十字架的印记，这个神迹使曾经对掰饼仪式持怀疑态度的神父坚定了信仰。这块布现在存放在主教堂的圣体布礼拜堂。教堂内还有文艺复兴时期的艺术作品，包括路加 · 西诺雷利（Luca Signorelli）于 1499—1504 年创作的《最后审判》壁画，以及伊波利托 · 斯卡尔扎（Ippolito Scalza）于 1579 年雕刻的“圣母怜子”雕像。大教堂外观是典型的哥特式建筑风格，正面的马赛克壁画和雕塑装饰极其精美，被称为“大教堂中的金百合”。它与锡耶纳大教堂合称为“姊妹教堂”。

三、意大利文化：生活方式的慢哲学

慢城奥尔维耶托的主要建筑特色体现在中世纪的建筑和街道上。在中世纪的核心区实施严格的交通管制，城中很多街道都是步行街。奥尔维耶托的慢体现在居民生活的每个角落：小镇的交通系统是慢行系统，所有的汽车都停在镇外的一个巨大的停车场；这里的人喜欢慢慢品味他们的牛肉和葡萄酒；小镇街道两边满是手工艺店，人们用心灵去享受艺术；当地居民长期以来有着漫长的午睡传统。

四、主要产业：葡萄酒与旅游

奥尔维耶托的地方经济主要是葡萄酒酿造业和旅游业。当地数以百计的私人葡萄酒酿造厂一直都在出产着意大利最好的一种葡萄酒。在欧洲，凡是酿得出好酒的地方，当地的美味佳肴就会成为一种传统。奥尔维耶托以其悠久的历史、优美的城镇风貌和美酒佳肴吸引着意大利和欧洲其他国家的游客，也成为一些人的第二家园。善解人意的市民和地方决策者的目标，是保护田园牧歌般的景观，维持以食品产业和旅游业为主的地方经济。罗马和佛罗伦萨这两座大城市都在距其不远的地方。这座城市的经验充分证明了，即便是一座小城市，也能够在市场取向的全球化经济中生存。奥尔维耶托以智慧的方式利用当地资产，对环境给予大量关注。同时，地方决策者成功说服了市民接受他们签署的宪章所设定的目标，并且为持续实施这些目标做出自己的贡献。

第二节 小镇发展理念：慢餐运动、慢行城市

一、慢餐运动：怀旧情结

（一）定义

慢城最初由意大利的“慢食运动”发展而来。这里，“慢食（Slow Food）”，不单指慢慢吃，更是指以当地农产品为食材，强调慢慢享受当地美食的方式和态度，以此抵制麦当劳式的快餐和速食文化。

慢餐运动大力倡导优良的地域性的烹饪方法，即利用地域性的材料，如当地蔬菜、肉类和其他农产品，按照具有地方特色的传统食物制作方法和配方制作菜肴。时至今日，奥尔维耶托仍然保留着每周的慢餐活动，对食品的尊重背后，体现的是意大利人民对自然的生活方式孜孜不倦的追求。这种精神在历史运动中不断推进，最终导致出现了今日所见的世界上第一个慢城——奥尔维耶托。

（二）对慢节奏生活的“怀旧情结”

20世纪的两次世界大战对人类遗产、生态环境造成了毁灭性的破坏，同时也把人们引入对工业化和现代化的反思中，“怀旧（Nostalgia）”情结在此过程中被催生出来，保护传统文化成为一种共识。

全球化进程的加快，导致文化的趋同性日渐明显。传统的地方美食（包括地方食材、传统烹饪方式、享受地方美食的方式等）日渐式微，代之而起的是快餐文化的全球普及和人们的快节奏生活。值得一提的是，传统的地方美

食代表了一种特定的地方感、集体记忆、精神家园乃至“地方性知识（Local Knowledge）”，人们以此来追溯共同的过去和确认自我，而这些是快餐所没有的。

南欧的意大利，历史上受阿拉伯游牧文化的影响深远，这里的人们“一直持某种随意、不大讲究效率的生活态度”，因而对快节奏的现代文明较早产生了质疑。

（三）发展历程—— 一场由麦当劳导致的游行

1986 年春，跨国快餐集团麦当劳筹划在罗马的著名景点西班牙阶梯（Piazzadi Spagna）旁边开设一家麦当劳。开业当天，一些好奇的意大利青年特地赶来大嚼汉堡，而在一旁以卡罗·佩屈尼（Carlo Petrini）为首的示威游行队伍则对麦当劳提出了抗议。当麦当劳文化开始侵入意大利时，人们抵制麦当劳和速食文化，并在库内奥省的巴洛洛发起成立了“意大利慢食协会”。此后，“慢食运动”与城市发展的联系日益密切，最终促成了“慢城”的概念。

反观当前多数的现代城市，它们以高科技、现代化、超级市场、高效快捷的快餐等为特征。在经济“快发展”的表象下潜藏着许多的弊病，如千城一面，城市文化的趋同化，城市污染的日趋严重，人们心理压力过重，归属感、自豪感和自信心的缺失等。城市中的人们迷失在“快发展”的城市模式中，回归农业社会的净土成为城市人民内心的渴望和精神寄托，这也成为催生奥尔维耶托“慢城”的原动力之一。

二、慢城运动：人、自然与文化的统一

（一）慢城标准

1999 年 10 月，位于意大利托斯卡纳基安蒂地区的格里韦、奥尔维耶托、布拉和波西塔诺 4 个小城联合发起一场“慢城运动”，并发布了著名的《慢城运动宪章》:“慢食，一个在生活品质（尤其味觉体验）上已经树立全球影响力的组织，和那些同样有此特质的城市一起，决定建立一个国际慢城联盟。从现在开始，每一个慢城将会拥有一个确定的编号。基于此，所有的慢城将共同分享美食、宜人服务和设备以及城市品质方面的所有体验。”

《国际慢城宪章》明确规定:（1）慢城市的人口总数应该不超过5万人;（2）慢城市必须在所有的公共设施和尽可能多的私人设施上张贴“蜗牛”标识，以直观形式主义倡导“慢生活”理念;（3）慢城市必须限制汽车的使用，汽车在城市街道行驶速度不得超过20km/h;（4）慢城市必须有一个噪声管理系统，广告牌和霓虹灯要尽可能地少;（5）慢城市必须有一套环保的城市污水生态处理系统;（6）慢城市在全球化的背景下，必须保证城市的个性，特别是保护具有地区象征性意义的产品;（7）慢城市必须定期接受国际慢城协会的检查，以保证上述指标被严格执行。

（二）意义和内涵

通过慢城建设，让人们的生活节奏回归自然，在保证轻松生活的同时追求可持续发展，在洁净的自然环境中，享受地方风味和民俗文化，重获文化自信与生活品质。

慢城的内涵恰恰体现在城市的独特地方感、持续健康的生态环境、地方食材和美食，独特的传统生产工艺以及民众的文化自信等方面。需强调的是，“慢城”之“慢”，并不是指时间之慢，而是指特定的地方以一种可持续（Sustainable）的、有效率的发展方式行进的，不以牺牲环境为代价的低碳（Low-carbon）发展方式，并且尊重当地居民的意见和选择（Option），进而实现居民的幸福富有（Wealthy）。“地方”“可持续”“低碳”“选择”“富有”是其着重点。

另外，从个人和社会两方面来看，慢城首先体现出人们对待生活和文化传统的态度，这表现在慢城尊重人的诉求，倡导人们在慢生活的节奏中提高生活质量，保留文化传统，以此使得慢城的独特价值和个性特征代代相承。就社会而言，慢城则是一种生态哲学和新的城市哲学，这表现在：慢城强调社会是人与自然、文化的统一体，是相互作用的动态系统；慢城强调社会的发展必须以文化传续和生态环境的保护为前提，进而实现慢城的可持续发展。

三、小镇特色：最富戏剧性的慢城

慢城运动或许可以被视作古老欧洲的一朵奇葩，对城市来说是一种回归过去的概念，然而，慢城运动远不止这些。对于那些无力与繁荣发展的城市区域相竞争的小城市来说，这是一种战略性的概念。慢城理念是一种自下而上的概念，并不是由中央政府自上而下强制推行的，其实施完全依赖于地方积极性以及当地的市民社会。

偏远的区位使得奥尔维耶托错过了工业革命的产业列车，但造就了一个"最富戏剧性"的慢城，具体特色如下。

（一）封闭的慢行系统——台地地形

奥尔维耶托的高地地形限制了其城市建筑及道路的修建，所以大部分的建筑从公元前就一直保留到现在。放眼望去，城里没有现代化的高楼大厦，有的只是低矮的传统建筑。地形还限制了车辆的使用及道路交通的容量，车辆统一隐藏在市中心公园和广场的巨大地下停车库，游客通过隐藏在石墙内的电梯直接进入市中心。

（二）步行的尺度：因地制宜的慢交通方式

城内不能停车，只有行人徒步区。小镇中仅允许步行尺度的游览活动，游客通过隐藏在石墙内的电梯直接进入市中心。从 3 月到 10 月，小镇中提供多摩大教堂慢游（Duomo Tour）和奥尔维耶托慢行（Orvieto Walk）两种游览形式。小镇限制小汽车的行驶速度，禁止汽车鸣笛，汽车在城市街道的行驶速度不得超过 20km/h。

（三）传统的生活方式——慢餐、慢行、午睡传统

城内每周五晚举办慢餐晚餐，强调使用当地传统的餐具，当日不能卖速食（包括麦当劳、星巴克等连锁店和超市都被禁止）。提倡生产和采用天然的食材，保护当地美食传统，提倡融洽的邻里交流，希望人们有更多的时间关注家人和子女的教育。他们还建立了"Orti Sociali"，即一块分配给个人使用的公共土地，市民可以种植自己的蔬菜，从而保持与土地的亲近。为避免工作过度，每家小型食品店都会配合意大利传统，于星期四、星期天休业。"Ladolcevita（享乐的人生）"已是此地居民的生活准则——享乐重于获利、个人重于公司、缓慢重于速度。

（四）传统手工艺品：“慢”的传统

奥尔维耶托注重保护当地的传统生产和手工艺，没有工业化的旅游商品纪念店和超级市场，人们完全食用当地农产品，店铺只出售传统地方手工艺品，如手工陶艺、有机香肠、手工巧克力、酿造葡萄酒，使用可再生能源，保留传统节日。

（五）“慢”旅游目的地——符合欧洲中产阶级的生活习惯

慢城是对精英化生活的时尚定义，古往今来，休闲一直都是上流社会的标志。在奥尔维耶托，居民总数2万余人，城里没有现代化高楼大厦，有更多的空间供人们散步，有更多的绿地供人们休闲，有更便利的商业供人们娱乐和享受，有更多的广场供人们交流。同时，奥尔维耶托古城也在有限度地使用一些现代科技成果，如互联网、电梯等。

在发展中奥尔维耶托进行了多方面的努力，如保护贩售当地农产品的商店、市场与餐厅；奖励环保科技；保护当地美学与美食传统；培养热情好客与敦亲睦邻的精神；保护环境，维持和发展本地区特有的环境和文化；合理发展利用土地；积极利用新技术来改善城市生活环境等。在这里旅行能彻底改变人们对都市生活的想法。“慢城”意识成为奥尔维耶托人对他们的家园拥有自豪感和文化自信心的集中体现。

四、慢城理念：令人满意的居所

慢城旨在成为令人满意的居住、工作和访问的场所，目标是支持当地的商业发展，培育当地的传统，保护环境，欢迎宾客，并且鼓励人们对社会生活的积极参与。每一座慢城都致力于实现一套超过50个分项的目标和原则，这些目标和原则旨在改善该城镇的生活品质，并且提供了一系列切实可行的基准，借以衡量城镇发展的进程；此外，慢城还作为一种机制，促使当地社会各界人士携手并进，为改善他们的城镇而努力。国际慢城网络的会员资格严格限制在人口少于5万人的小城市，而且该城市还不能是区域的政治中心或行政中心。如果想要成为该网络组织的潜在成员，必须满足一套涵盖了广泛内容的标准。一旦这些城市被接收成为慢城网络的会员，则必须保证对这些标准的可持续性进行调控。成为慢城网络会员的城市，在特有的本土潜力的基础上，就可以逐渐形成自己的城市形象。正是这种潜力给予该城市某种独特的形象和品牌。也正是借由独特的品牌，才能使城市形象传播到区域之外，吸引访客、消费者、游客和媒体。因此，一座小城市尽管在规模和经济实力方面不及大城市，但是，仍然能够从慢城商标中获益，从而在这个日益全球化的世界中得以生存。

慢城正在形成一种紧密的城市网络，它们从应对地方性挑战的成败得失中互相学习，分享项目发展和进程中的经验教训。当这些慢城尝试一些创新举措，例如能源节约、机动性政策，或者促进区域经济发展时，还可以就某种劳务分配达成协议。它们共同形成某种政治联盟，以此在区域和国家层面的规划和决策中清晰地表达自己特殊的关注点。

成为慢城网络的成员以及维持会员身份的过程，同样可以强化地方特性，促进地方发展政策的整合，鼓励市民参与到地方的发展中。另外，还有重要的一点，就是可以促进高品质旅游业的发展。慢城运动还明确无疑地可以促进区域经济循环，它的发展策略更倾向于区域内产品和服务的流动，而不是全球范围内的流动，故而可以促进区域内的前后连接。

第三节　经营方式与政策保护：本土传统的觉醒

一、经营方式：对传统最大限度地保留

奥尔维耶托的传统工匠、画家和制陶工人如今仍活跃在小镇的大小作坊内，成为外来游客了解慢城奥尔维耶托的一扇扇窗口。奥尔维耶托支持以山城的传统蜜蜂色灰色料粉刷房屋，慢城的学校午餐供应的都是当地有机食物。奥尔维耶托有专门的法律，禁止在限定的区域建立大型超市及出售快餐，学校的餐馆要使用有机产品，而且强调使用当地传统餐具。

奥尔维耶托最著名的旅游商品是当地的白葡萄酒，其主要原料由当地的三种葡萄混合而成，加上当地火山岩中的神秘成分。生产白葡萄酒的是最富特色的意大利酒庄，它们依然固守着使用祖传秘方手工制作的方式。

二、政策保护：民主与地方自我可持续发展

奥尔维耶托作为慢行城市章程（或者叫作宪章）的起草者及国际慢城组织的总部，为自身行动及发展定义了 7 个沿袭至今的政策领域。

（一）环境政策

在城市中保护环境资源，保护大自然和尚未被破坏的自然栖息地，维护公园、河流和湿地。减少废弃物和采取环保的废物再循环利用也是重要的考虑事项；此外，还有饮用水资源的保护。倾向于节约能源的政策是至关重要的，这取决于当地的条件，尤其是再生能源利用的条件。“21 世纪议程”的各项原则也是适用的。

（二）基础设施政策

创建适宜步行的城市是慢行城市的重要特征。因此，旨在减少小汽车使用的政策应当给予最高的优先权。这将有利于逐渐发展出对自行车友好的城市，在城市中心减少交通流量，创造出宁静的城市环境，促进便利的公共交通。

（三）城市生活

为了提高城市中的生活品质，慢行城市理念的一个核心就是促进城市生活，其目标是积极复兴城市中心的都市生活。具体手段包括提升对城镇历史的了解和认识，遵从其经验，因为只有城镇的历史才能为一个繁荣的未来指明方向。

（四）宾客接待

宾客接待政策的目标在于使城市成为有吸引力的旅游目的地，它包括了所有种类的行动，即方便游客在城市中访古探幽以及使他们感到宾至如归的各种举措等。同时，奥尔维耶托针对餐饮业、城市标识和指示牌、适当的停车设施以及良好的旅游信息服务等与游客接待相关的领域做出了相应的要求。

（五）促进本土化产品的发展

慢城理念的这一关键性要素与慢食哲学相关。它旨在促进生产具有地方特

色的产品，以及将本地区的典型传统膳食重新引入百姓生活，它还包含了对于当地生产的食品的鉴赏。在当地集市、商店、餐馆、学校和私人经营店中积极推广本土化食品，成为各种本土化行动的组成部分。

（六）提升居民的慢城意识

全面提升当地民众关于慢城宗旨的意识是一件重要事项。这包括在所有类型的地方事件中推广这一理念，在学校、地方文化事件或营销活动中展示和体现慢城的特色。其终极目标是建立一种具有当地特色的公民意识，也就是在民众的日常活动和决策中遵循慢城理念所设定的目标。

（七）注重城镇和景观的品质

组成城镇景观的高建筑品质是一座慢城最基本的特征。因此，对于历史遗产的保护，以呼应环境的方式将新建建筑插入到城市肌理中，成为关键性的政策要素。最后一点，对周边地区景观的保护以及对城市建成区边缘的设计也是非常重要的，值得引起特别的关注。所有这一切都由慢城的标志象征性地表达出来。

这 7 个政策领域所展现的目标构成地方发展政策的行动领域，为单独的项目和创新举措指出了 7 个关键的行动领域。一座慢城必须在这 7 个范畴内分别设立项目清单，在某种程度上，慢城宪章反映出民主与地方自我可持续发展的原则，其目的在于抵制全球化常常强加在地方社会的殖民地化和边缘化倾向。

第二章

南京高淳桠溪——中国第一个『国际慢城』

南京高淳桠溪让我国拥有了第一个国际慢城，也使得慢城这一理念被我国越来越多的人认知、了解。高淳桠溪的成功是政府、企业、居民共同努力的结果。对于高淳桠溪来说，“国际慢城”这一称号使其走上了发展的快车道，在不破坏当地生态环境的同时获得了经济的发展，也让越来越多的人体验人与自然和谐相处的美好。

第一节　城市概述：慢城之源

速度至上、效率第一的理念在促进现代城市迅速发展的同时也带来了一系列弊端。严重的环境污染和生态破坏、急功近利的经济增长模式以及疲于奔命、压力巨大的生活状态使得人们对于过快的生活方式产生了质疑。越来越多的人希望通过旅游这一行为，寻找一种放慢脚步的“慢生活”体验，慢城运动正是在这一时代背景下应运而生。慢城这个概念，早在 1999 年就由意大利所提出，但当 2010 年高淳桠溪在苏格兰国际慢城会议上被正式授予“国际慢城”称号时，这个概念才真正地被引入国内。桠溪作为中国第一个慢城，是一个展示东方智慧的国际化空间，同时也承担起探索“东方慢城标准”的重任，在新慢城的建设中起到示范性的作用。那么桠溪是个什么地方？它到底做了什么才能成为中国第一座慢城？它“慢”在何处？在发展上它与一般的城镇相比有什么特别之处吗？

一、慢城之源

目前来看，“慢城”最官方的定义是国际慢城协会提出的，要点有以下几个：人口在 5 万以下的城镇、村庄或社区，反污染、反噪声，支持绿色能源，支持传统手工作业，没有快餐区和大型超市。那么桠溪是如何被评选为国际慢城的呢？事情要从意大利波利卡市的市长说起。波利卡市市长安杰罗瓦萨罗在任职期间又同时担任了国际慢城联盟的副主席一职。高淳县（现高淳区）跟波利卡市是友好城市，所以波利卡市市长经常有机会到访高淳，他第 3 次到高淳时，参观了高淳桠溪的“生态之旅”风光带。当时的他完全被桠溪的美景所震撼，他认为桠溪绝对符合国际慢城的标准。在他的指导下，高淳积极做了申报工作，并于 2010 年 11 月 27 日，被国际慢城联盟授予“国际慢城”的称号，成为中国首个国际慢城。

二、桠溪地理环境

桠溪街道位于南京市高淳区的东部，东与溧阳市交界、南距安徽郎溪定埠镇 8 千米、北与溧水区毗连，区域面积 151.06 平方千米。

桠溪处于亚热带气候区，气候温和、四季分明、雨量充沛、日照充足、土地肥沃。北部是丘陵山区，竹木环绕，山清水秀；南部多为水乡，水产资源十分丰富，特种水产发展迅速。三分山、两分水、五分田，桠溪拥有着生态黄金比例。桠溪交通便利，高淳拥有独特的区位条件，宁高新通道建成通车后，30 分钟可到南京主城区，2 小时内可到杭州、苏州、无锡等城市，三小时可到上海。

三、桠溪旅游资源

桠溪未受现代化气息发展形势沾染，保有山水如画的乡村风貌和丰富多彩的传统文化，是当地人休闲度假的天堂。桠溪有千亩向日葵园、千亩薰衣草园、千亩梨园、千亩有机茶园、千亩红枫、万亩油菜花等四季大地艺术景观，还有漫山遍野的竹海和粉墙黛瓦的依水江南民居，这样的乡村风貌就像陶渊明笔下的世外桃源。桠溪“慢城”区域内还有张巡纪念馆、永庆庵等历史遗存和卞和献玉等美丽传说，有些村庄还建设了传统手工艺街区，设置农家豆腐制作、炒米糖、腌酸菜、磨辣椒、制作木工小制品等手工作坊。

桠溪旅游度假区，不仅是国际慢城，也是国家 4A 级旅游景区、全国农业旅游示范点、江苏省自驾游基地、江苏省四星级乡村旅游点、南京市四星级休闲农业点，并获得“中国最佳生态休闲胜地”、中国十佳村镇慢游地、新金陵 48 景、华东最美金花胜地等荣誉。

第二节　城市发展历程：质朴秀美的生态旅游之城

桠溪历史悠久，早在 3000 年前就有人类活动。桠溪集镇的形成始于明崇祯末年，小镇以贩卖本地特色农产品为主，优越的地理条件使之成为两省四县交界地区商贸会聚的中心。

但是到了现代，高淳的发展就显得有些疲乏了。在中国工业化发展的浪潮中，绝大多数城市都奉行“工业中心主义”，走快速发展工业的道路。在当时，“生态优美”“生活缓慢”反而成了落后、贫穷的代名词。高淳的区位和交通不占优势、产业基础相对薄弱。客观来说，在苏南地区，高淳的发展条件与其他县市相比有很大的差距。就算想像苏锡常地带那样走工业化道路，条件也不允许。从城乡统筹发展来看，高淳曾经是苏南仅剩的两个建制县之一，也是苏南板块中城市化率较低的县之一。而从区位上来看，高淳处于长三角边缘，偏离了经济发达的核心区，与重要交通干线相距较远。因此其发展曾一度十分缓慢，在整个南京也处于下游地位。有人戏称“高淳就是因为发展慢才被评为慢城”。

一个现实的问题摆在了高淳人的面前：如何才能以最快的速度发展经济？没想到，解决这个问题的，却是一个“慢”字。高淳政府考虑自身情况，认清了自身的优势：对于该镇而言，良好的生态环境是其最突出的优势和最大的竞争力，不依靠自身情况发展，只会与其他城市的差距越来越大。桠溪人充分注重这一点，因此，他们另辟蹊径，没有走其他城市发展的老路一味地发展工业，而是结合当地优势，因地制宜，因势利导。“不比速度，比后劲；不比总量，比环境。”他们也没有刻意按照慢城来打造，在波利卡市市长安杰罗瓦萨罗介绍情况之前，桠溪政府和民众完全不知道慢城是怎么回事。桠溪能评选为“国际慢城”唯一的原因，就是他们一直在做的事，实际上暗合了慢城的需求。2004 年，在发现发展面临的种种制约后，高淳县（现高淳区）第十届党代会确立了“生态立县”的战略，从此走上了一条和周边地区不同的生态环保之路。在这种发展战略的指导下，桠溪积极开展生态旅游，依靠自身的特色农业资源，建成了农村特色体验之旅，也就是人们常说的“农家乐”。与此同时，椏溪还建设了金色花海游、农事体验游、户外运动游、竹海探幽游、低碳养生游等多条精品旅游线路，先后建成一批特色乡村旅游景点。“生态之旅”开始运营之后，全镇旅游收入得到了爆发式的增长。至此，椏溪已经走上了一条生态富民之路，成了名副其实的生态旅游之城。

第三节 城市运营体系：缔造慢城核心品牌

一、高淳国际慢城旅游度假区：慢城品牌缔造者

高淳国际慢城旅游度假区，就是当地人口中的“生态之旅”。“生态之旅”不是一座城市，而是高淳区椏溪镇西北部一块面积约 80 平方千米的地区。它处于高淳游子山国家森林公园东麓，是一处整合了丘陵生态资源而形成的融生态观光、农事体验、高效农业、休闲度假为一体的农业综合旅游观光景区，观光带绵延 48 千米，盘旋于顾陇、瑶宕、穆家庄、蓝溪、桥李、荆山 6 个行政村之间，区域内人口约 2 万人，没有一家工业企业，农民经济收入主要来自生态农业和生态旅游。整个旅游度假区由山、水、农田和村落组成，并由平坦而蜿蜒的道路连接起来，这就是所谓“三分山、两分水、五分田”的生态黄金比例。沿途不时能看到指示牌，不仅有美食村、农业观光园、果园、茶园、农家乐示范村、度假村和山庄等旅游基地，还有张巡纪念馆、永庆古寺、南城遗址等文化场所。

“生态之旅”不仅旅游资源丰富，而且旅游基础设施十分完善。开发者整合资源，精心打造，建成了步行道、自行车道、电瓶车道等多层级的慢行系统，完善了休息点、观景平台、服务点、驿站、换乘中心等相关配套设施①，建成了瑶池山庄度假村、望玉岛四星级度假宾馆、海风楼、瑶池农家乐、大山农家乐等一批休闲配套设施；建成了游客接待中心、桃花扇广场、文化林广

① 荐晓峰，涂钧，万乐，等. 对城市慢行系统及慢行空间景观营建的研究——以南京椏溪国际慢城为例［J］. 江苏农业科学，2014，42（06）：221-222.

场、大山景观台、茶楼、亲水平台、影视基地等旅游休闲景点；景区内有特色十足的旅游产品和商品，有民俗文化表演的场地，有农家乐，是融特色的吃、住、行、游、购为一体的体验处；相继有 20 多家台商、客商落户于景区内。生态之旅积极打造长江之滨最美丽乡村，放大生态特色，实现高效农业规模化，建成集旅游、休闲、度假、娱乐为一体的农业综合性旅游风景区，使之成为桠溪生态环境建设的一大亮点。

高淳国际慢城旅游度假区，是整个桠溪生态旅游的核心。它的建设运营成功与否，直接关系着桠溪的旅游发展能否有质的飞跃，能否顺利实现旅游致富。事实证明，在合理的规划和开发下，它大获成功，借着“国际慢城”的东风一下闯进了人们的视野，稳固了桠溪的旅游品牌。目前，高淳国际旅游度假区已经拥有了完善的运营管理体系，并定期推出节庆活动。

二、政府：发展护航者

桠溪慢城的发展属于政府主导型，自上而下发展[①]。政府确立了“生态立镇”的发展策略，因此大力发展桠溪生态旅游，在政策上也给予了相当多的支持，并针对慢城发展特色专门制订了《高淳国际慢城规划》。为了避免慢城发展的孤立性，政府主张立足于桠溪慢城发展的基础，逐步形成“一带、一心、四区、多点”的慢城发展格局。一带是指生态之旅的主路，沿着高低起伏的丘陵行进，形成标志性的旅游线路；一心指慢城小镇，慢城小镇是整个慢城的商业、休闲、文化中心，也是慢城最核心的区域；四区指生态慢城景区、农业慢城景区、文化慢城景区、健康慢城景区；多点指各个旅游景点与旅游配套点。这些内容涵盖了观光、体验、娱乐、养生等旅游形式以及所需要的餐饮、住宿、购物等服务设施。

政府不仅给予政策扶持，在经济上也全力支持，投入大批资金，用于整个区域的建设。仅蓝溪村一村（人口数约 3000 人），近年来，就累计投入 1600 多万元，用于改路、改水、危桥改造、农网改造、有线电视“户户通”等一系列工程，在此基础上大力发展特色旅游业和特色农业，促进当地旅游富民。截

① 何霞．高淳：推动国际慢城发展　全力打造绿色城镇［J］．中国信息界，2014（02）：92-96.

至2021年底，全村共有农家乐81户、民宿60户，带动农民就业530多人。

与此同时，政府还担任了组织者和监督者，维护整个旅游市场的和谐稳定发展。在桠溪不同村落的农家乐产品价格都差不多，不会出现天价旅游或者不合理低价竞争的情形。这虽然与村民的意识有关，但更主要的还是政府的监督与引导的功劳。

三、居民：慢城发展的核心力量

居民是一个城市发展的核心力量。没有人的力量，旅游就缺少了服务者，文化就缺乏了传承者，资源也失去了保护者①。

从旅游方面看，慢城的发展原则之一是要求支持当地手工艺人与当地商业发展，带领当地居民共同建设市镇。桠溪镇的发展基本遵循了这样的原则。当地居民在政府的带领下，积极发展农业、特色旅游业。在发展旅游的过程中，政府非常尊重当地居民的意见，在发展中坚决实行民主决策。当地很多居民在外地从事建筑工作，村里就组建了农业合作社，将闲置的农地统一流转，农户享受土地租金分配；大山村征求住户意见，统一实行村庄改造出新，变成了一个旅游特色村；很多村集体还组建农家乐协会，发展农家乐来接待外地游客。桠溪的生态旅游与当地居民之间形成了良性循环，居民的参与推动了旅游的发展，而旅游的良好发展又极大地带动了当地就业。

从文化角度看，没有人，文化就无从谈起。一方面，高淳很多的特色文化，如舞蹈、方言，都是口耳相传的，只有人才能使这些文化继续流传。而另一方面，当地人本身就是文化的组成部分。桠溪人的行为展现了桠溪质朴安逸的生活状态；高淳人有着淳朴、温和、包容、和谐等特点；高淳人又特别热情，特别好客，只要有客登门就要喝酒，并且每次都将客人喝倒。待在慢城里很有想睡觉的冲动，想晒晒太阳，想泡一杯茶，想享受时光，想慢下来发呆，特别想停下来，体会慢慢变老的感觉。

从资源保护角度看，居民是资源保护的实际执行者和受益者，他们的活动都围绕着自然和人文资源而进行。要想使居民对资源进行有效保护，根本前提

① 尹燕，李文君．乡村旅游的可持续发展研究——以高淳区桠溪镇为例［J］．农村经济与科技，2013，24（11）：98-99.

是要完善当地的旅游收益分配机制，提高居民的社区满意度。生活水平提高了，居民对桠溪的依赖程度和情感也会自然而然地提高。而这种客观需要和主观情感必然会影响居民的资源保护态度和行为。因此要增强古村落居民的资源保护意识，必须从开发管理模式和利益分配机制上保证居民能够在旅游发展中获得较为满意的利益，从而提高生活满意度。

第四节　城市特色：人与自然和谐发展的生态之城

一、生态旅游

（一）人与自然的和谐——慢城的生态美

桠溪自然和人文资源丰富，生态环境优越。这种独特的生态环境造就了安逸宁静的生活环境，使其生活节奏明显慢于长三角的其他城市。同时，“国际慢城”打响了其知名度，使其具有了巨大的旅游客源优势。相对封闭的环境，也使得传统的生产和手工艺得到更好的保存和发展。桠溪的金花旅游节，就是其生态旅游的体现。春暖花开，桃红柳绿，在和风煦煦的三月，满山遍野开满金黄色油菜花的高淳会举办金花旅游节，吸引着众多游客前往。漫步在金花丛中，仿佛现代社会的压力与快节奏都与自己无关。

（二）人与文化的和谐——慢城的文化美

慢城不仅是一种生活态度和城市形态，更反映了一种哲学理念。从文化传统层面来说，“慢”作为我国传统的哲学理念，自古以来便有着深厚的文化根基。而作为传统的江南水乡，更是强调对生活品质的追求，这些都是桠溪国际慢城发展的优势所在。慢城强调对传统文化的保护和对传统习俗的传承。作为吴楚古地，桠溪慢城保存了大量的极为珍贵且极具地方特色的习俗和传统，比如被列入联合国教科文组织名录的西周傩舞“跳五猖”，有表演规模堪称华夏第一的“杨家板龙”等。这些独特的文化资源不仅是桠溪慢城的特色所在，更是丰厚的文化旅游资源所在。这种文化美，也为其生态旅游发展提供了巨大的吸引力。

围绕着特色乡村旅游，桠溪还着力于发展特色有机农业，以此带动就业、增加居民收入。如今，茶叶、早园竹等绿色食品有机生态示范基地已经形成规模，桃花村、杏花村、石榴村、七彩桥李、东篱菊圃、荆山竹海等景点与区域内的古戏台、古树、古庙、古井等历史人文景观交相辉映，特色乡村旅游的雏形已经初现[①]。

二、绿色经济

在度假区的主干道两侧，风力及太阳能混合发电路灯非常醒目，但这仅仅是慢城所倡导的绿色环保理念的一小部分。

“保护与维持纯净的自然环境”是国际慢城的八大公约之一，是成为国际慢城的重要条件。桠溪，作为以“生态立镇”为发展战略的地区，深刻认识到绿色可持续对当地发展的重要性，在发展旅游业时着力保护环境。

在产业发展的过程中，桠溪不断提高环境门槛，强化产业的甄别，着力构建以绿色产业为主导的现代产业体系。在产业布局上，桠溪地区明确作为工业“不开发区”，为生态功能区的建设画出红线。桠溪重点发展高效农业、旅游业、文化产业和其他现代服务业。新建项目全面推广环境管理体系，尤其是污水生态处理系统必须到位。农副产品强调实行以环境标志产品为代表的绿色认证，农户用人工合成化肥将被坚决制止，必须用有机肥。推广使用太阳能等清洁能源，村村建沼气池。对垃圾进行分类并实行无害化处理。尽可能少地使用钢筋混凝土，除了主干道是柏油路外，其他道路则是土路沙石路，连葡萄架也不用水泥做，而用木架子。规划新的交通系统，先进行限速，以后尽可能减少汽车的进入，改用电动公交车。

目前，桠溪“生态之旅”区域内没有一家工业企业，农民经济收入主要来自生态农业和生态旅游，现已建成 3000 亩早园竹、4000 多亩有机茶园、5000 亩果园等超大规模的特色经济农场，以及桃花村、杏花村、石榴村、菊花村等多个生态农业示范村，一年四季都将鲜花不断、瓜果飘香。生态之路让昔日的

---

① 李莉 .“慢城”景观：引领新生态生活——高淳桠溪国际慢城度假村景观规划设计初探［J］. 大众文艺，2012（15）：55-56.

荒山坡变成了如今的绿色宝库，也向人们展现出一条独具特色的绿色生态发展之路。

三、文化保护

注重保护本地文化是国际慢城的基本要求。慢城公约主张和倡导“培育本地文化，保护当地风俗习惯与文化遗产”。文化是慢城发展的根基，高淳也十分注重对文化的保护。高淳有着历史文化名城珍贵的历史遗存，伍子胥在高淳开挖的世界第一条人工运河“胥河”，孙权在高淳建的“保圣寺塔”等，这些都得到了较好的保护。同时，“大马灯”“送春”等众多古老的文化活动在高淳也得到传承。椏溪在开发中保护文化，将传统的“椏溪跳五猖”等地区文化精髓搬上演出舞台，作为旅游吸引物，促进了当地旅游业的发展。

第五节　未来展望

一、摆脱“穷美”，寻求经济发展

慢城强调“慢”，但并不意味着不发展。慢城的“慢”是相对于现在绝大多数城市只求数量不求质量的以环境能耗为代价的“快”发展而言，慢城更加注重发展的质量和居民的生活品质。近年来，椏溪先后获得全国重点镇、国家级环境优美乡镇、中国金牌旅游乡镇、T20世界旅游名镇称号，是全国首批特色小镇之一，被列入省首批旅游风情小镇、省体育健康特色小镇创建名单。统计显示，椏溪街道围绕慢城开设的农家乐近百家，平均每户农家乐年收入约20万元，2018年街道游客超百万人次，2019年上半年实现农村居民人均可支配收入超1.8万元，是2010年的4倍。同时，在产业构成中，当地的特色传统农业、生态旅游业、文化产业以及现代服务业占90%以上。从产业结构来看，也符合慢城的发展要求。

椏溪的“慢”不是发展缓慢，不是单纯的“拒绝全球化”和“拒绝现代化”，而是在“快世界”与“慢城市”之间寻找一个平衡点，它的这种慢实际上是一种“稳”，稳中求进，稳中求发展，这实际上也与现在中国“新常态”的要求不谋而合。旅游的发展带动了全民就业，旅游乘数效应在桠溪得到了非常好的体现。

二、慢城不慢，服务质量迅速提高

和意大利奥尔维耶托或英国勒德罗等慢城不同，高淳桠溪在设计之初就是以发展旅游业为目的而建设的，旅游是其脱贫致富的重要手段。因此它更需要注重配套设施的建设，提高旅游服务质量，吸引游客。实际上，完善公共配套设施，真正受益的还是当地居民，提升的是当地居民的生活质量。

桠溪注意到了这点，它已经从以下几方面开始建设。

（1）服务设施：桠溪十分注重基础设施的建设，政府投资大笔资金，提高乡村生活质量，建设了包括停车场、体育场、市民广场在内的多个公共场所，并且进行了村庄绿化、道路亮化、污水管网、塘坝清淤等多项工作，在提高旅游服务水平的同时，提升了居民的生活质量。

（2）交通：桠溪慢城要进一步完善慢行交通体系，形成以公共交通、步行和自行车为主，私家车为辅的多级慢行交通系统。桠溪生态之旅各景点现有的道路类型有以下 3 种：县级公路、“生态之旅”旅游大道和田间小路。县级公路连通高淳城区和桠溪镇。公路宽阔，地势平坦，几乎无坡度，适宜自行车通行。公路还有双向的自行车专用道（非机动车道），可以确保骑行安全，是非常完善的自行车道。“生态之旅”旅游大道起始于桠溪镇入口处，贯穿整个景区，是生态之旅的主干道。该道路大部分路段都比较平坦，小部分位于丘陵地带，有一定坡度。此路段机动车、自行车、游览车、步行通用。

（3）农家乐住宿：从“生态之旅”建设到现在，已经有近百家农家乐经过审批开始运营。桠溪镇对当地农家乐进行了统一审批和授牌，并对经营者进行培训、监督和管理，同时还开通了投诉热线，这一系列的管理措施让农家乐走上了规范发展的道路。据不完全统计，光靠农家乐这项措施，当地农民人均增收近千元。

三、转变观念，民众意识跟上

就在高淳被评为“慢城”的同时，一场“跟风比慢”活动也开始了，各地争当名人故里，争夺文化遗址，以做进一步旅游开发的噱头。“国际慢城”是一份荣誉，也是个不可多得的营销机会。它确实会带去利益，但也会在当地刮起一股快速发展之风，这股风是否会将曾经低调“慢行”多年的高淳，拉上更符合当今大环境的经济“快车道”，使其失去原本的淳朴呢？

从国外慢城的发展来看，慢不仅是生活节奏，更是一种生活理念和生活态度：民众悠闲，享受生活。但桠溪还没有做到这点，在生活节奏上，当地居民忙于利用“慢城”这个招牌带来的旅游客流来发展农家乐，甚至不惜以过于夸张的表演来作秀。桠溪慢城的发展还是限于旅游业这一部分，慢城模式的发展还没有带来生活理念和态度的转变，反而在一定程度上使得当地居民的生活节奏加快了。“慢了游客，快了居民”，这与慢城的发展本质是背道而驰的。

要解决这个问题，关键是要转变民众观念。慢城发展的首要目标是提高当地居民的生活品质和幸福感，慢城的发展不能只一味地追求经济利益。慢城的旅游吸引力很大程度上不是物化的，而是一种氛围和意蕴，慢城带给旅游者的是一种闲适生活的韵味，因此，“加强青少年慢城审美教育，增强全体居民的慢城生活意识”是慢城建设的重点，而放慢脚步、享受生活也正是旅游者赴慢城旅游的重要的心理期许。此外，在某种程度上，慢城是一种氛围、一种对待生活的态度，而生活的哲学是可以交流、共享的，因此，慢城也应该是乐于分享、善于交流的“好客之城”，它的旅游接待也应该是热情而周到的。它不仅仅指旅游从业者对于旅游者的周到服务，也意味着其城市原住民对于旅游者的友好态度。“促进市民好客度，消除阻碍旅游者与市民及旅游从业者交流的物质、精神障碍”这一慢城定义中的要求也正说明了这一点。只有做到这一点，桠溪才能从精神内涵上也成为真正的慢城。

四、保护慢城，坚守发展根源

慢城之慢，在于其自然资源、文化资源和当地民俗风情。这些都是它的发展根源，桠溪的可持续发展与当地旅游资源的保护是密不可分的，因而在发展乡村旅游的同时必须要做到发掘并延续当地独特的历史文化，只有保持了地方的“个性”才能保障其长久的发展。乡村旅游的发展要求提高人们对其生活的控制能力，而这一能力的提高是要与当地人的文化和价值观相协调的。

国际慢城有两条重要的评选标准：一是人与自然的和谐，二是文化的保护与传承。文化的传承绝非西方文化模式的简单复制，而是要求在本土地域文化的传承保护方面有自己的特色，注重对本地文化资源的保护和发掘。桠溪拥有省级非物质文化遗产傩舞“跳五猖”“大马灯”“送春”等众多古老的文化活动，并且一直传承至今；生态之旅沿线的文化资源也十分丰富，有省级文物保护单位“卞和望玉”的望玉山、牛皋抗金的南城遗址、岳家军的操兵场遮军山等景观。要在保护中开发，在继承中发扬，将这些生态优美的自然风光和人文景观串联起来。

历史文化与现代文明本就不是水火难容的矛盾体，在城市旅游业的发展过程中，如何正确地处理历史文化的传承与现代化建设之间的关系也是慢城旅游目的地发展的一个重要课题。高淳桠溪现代化的城镇建设和古朴的民居相得益彰。虽然从整体来看，桠溪对本地的文化保护工作做得不错，但是在发展经济后仍有一些大拆大建的趋势，没有处理好新与旧的平衡，对历史建筑保护力度不够。老建筑见证的是历史的发展，其中蕴含了丰富的民居文化和艺术，具有极大的开发和保护价值。高淳片区的建筑风格本为混合型的，既带有徽派建筑的古朴典雅，又带有苏南香山派建筑的通透轻盈，但桠溪慢城在旧村改造过程中不顾这一特色，盲目地将建筑风格完全改成千篇一律的徽派风格，破坏了原有的风格。而且由于一味地追求发展农家乐，将大量的古建筑拆除，替之以各种现代建筑。这些开发乱象不免让人扼腕叹息。

从慢城发展的角度而言，一座优秀的慢城旅游目的地应该是历史文化与现代文明和谐共处的城市，让旅游者在旅游的过程中感受城市历史文化与现代文明的水乳交融，无疑是提高城市美誉度、增加目的地旅游吸引力的重要方法。

第三章

英国勒德罗——最繁华的慢城

勒德罗作为英国的第一座慢城，有着绝佳的地理位置与浓厚的人文底蕴，作为诗人豪斯曼笔下的“禄如镇”，勒德罗令无数人心驰神往。勒德罗的特色产业是绵羊产业，该产业带动了勒德罗长时间的经济发展，直到如今也是勒德罗的经济支柱，造就了勒德罗的繁华景象。在勒德罗的慢城建设中，居民起到了重要作用，他们保护城中的古建筑不受破坏，他们身上展现的缓慢悠闲的生活态度、崇尚手工的人文精神同样是慢城文化的重要组成部分。

第一节　城市概况：喧闹水边的小山

勒德罗是个有千年历史的边界贸易城镇，靠近英格兰和威尔士的边界，也是南什罗普最大的市镇，人口约 11 000 人。2003 年，勒德罗通过慢城组织认证，成为英国第一座慢城。勒德罗是 2006 年城市主义学院的大城镇奖的获得者①。

一、地理环境：山水喧闹的河边之地

（一）地理位置

Ludlow（勒德罗）源于古英语“hlud-hlaw”，“hlud”意为“喧闹的水域”，而“hlaw”则为“山峦”“丘陵”之意。“hlud-hlaw”翻译过来就是：喧闹水边的小山。独特的名字揭示了其富有特色的地理位置：它位于英格兰中部，蒂姆河边，整个城市集中在一座小山上。

那里最高的建筑是圣劳伦斯大教堂，40 米高的塔楼成为当地的标志，再往西走，则是久负盛名的勒德罗古堡，经过战火的洗礼却仍保持着敦厚与沧桑。围绕着教堂与城堡的，就是淡然安宁的勒德罗小镇。居民区围绕着城堡、市场、教堂，静谧地矗立在小山的平地上，在喧闹的蒂姆河旁度过了近千年。

① 勒德罗英国小镇［EB/OL］.［2022-10-15］. http://www.youuk.com.cn/Video_view.asp?viewid=70&typeid=4.

（二）人口

勒德罗虽面积极小（453 万平方米），俯瞰便可窥其全貌，但人口众多。2011 年英国人口普查的数据显示，勒德罗教区常住人口为 10 266 人，占到了什罗普郡总人口（306 129 人）的 1/30。

（三）交通

小镇内部保留了中世纪狭窄的小巷和街道，而且房屋布局密集，因此并不能容纳过多的现代车辆往来，出现了长久的交通拥堵问题和停车问题。为解决此问题，小镇决定实行限行政策。小镇议会在镇内建有一些停车场，服务于有长期停车需求的居民。拥有停车许可证的居民才能在此停靠车辆。

由于私家车行驶不便，小镇努力发展公共交通，每日有固定班次的巴士往返于镇中心与东部的生态公园，服务于居民与游客。

在镇外，勒德罗火车站于 1852 年开始运行，距离镇中心步行约 5 分钟路程，这极大地方便了小镇内部与外部社会的交流。

此外小镇还建有专门的自行车道（第 44 号国家自行车道）和步行道（莫提蒙之路），供游人游览。

二、人文环境：边陲小镇的人文风光

作为诗人豪斯曼诗集《什罗普郡少年》中的“禄如镇”，勒德罗令无数读者和游人心驰神往。勒德罗小镇充满着独特的人文风情。勒德罗崇尚手工、人工，小镇上没有任何喧嚣的声音，也没有生硬的机器味，它的山坡街道上遍布画面生动的砖木结构房，它们分别是酒馆茶肆、独立书店、古董店和上等的屠宰店。而从铁匠到银器工匠，从定制花园家具的手艺人到修复家具的专家，勒德罗都有不少。城堡广场还有一个市场，在那里可以找到有机农产品、猪肉店和烘烤食品。不仅如此，勒德罗小镇的美食也久负盛名，每年 9 月这里都会举办勒德罗美食节。

勒德罗的核心区避开了现代文明的冲刷，完整、良好地保存了中世纪的风貌，也保留了都铎和乔治亚时代的特征。远离现代化的城镇，古朴宁静的氛围，使得勒德罗小镇成了现代居民难以忘怀的理想之地。

第二节　城市发展历程：从小镇到城市

一、边防重地，皇家小镇

勒德罗于 11 世纪在诺曼人征服英国之后建立，距今已有近千年的历史。1085 年前的勒德罗，荒无人烟，杂草丛生，而一切都因为诺曼人的到来而改变了。诺曼人在征服英国后，开始防御狂野的西部地区，也就是现在的威尔士，威尔士人骁勇善战，固若金汤的城池才可以抵御他们的进攻。勒德罗地势险峻，易守难攻，是绝佳的边防地点，有利于控制这一带的当地居民。在英格兰与威尔士的数次战争中，勒德罗起到了非常重要的作用。

在征服了威尔士之后，英格兰开始了对其的统治，英国国王爱德华四世于 1472 年在勒德罗设立了威尔士委员会和边界理事会，并派他的儿子威尔士王子驻在那里，作为理事会的名义领导。至此，勒德罗的地位不仅仅限于边防基地，它成了英格兰人眼中的威尔士首府。

但对于诺曼人来说，仅仅靠武力统治的成本过于高昂，他们需要一种更为平和稳定的手段来管理威尔士，于是他们将勒德罗由军事基地转化为商业小镇，以羊毛、纺织业为基础发展多种商业，借此来吸引和管理威尔士人，平息冲突。至此，勒德罗与威尔士的关系完全改变，它已经不是阻碍威尔士人的边界要塞，而是行政中心和司法中心，它的大门为两边人敞开。

二、羊毛上建起的城市

有人说，羊毛修建了边疆大教堂，这话不假，因为小镇的财富正是来源于羊毛贸易。作为中世纪的奢侈品，羊毛是英国最重要的出口产品之一。小镇羊毛市场的兴旺要归功于周边辽阔的优质牧场。勒德罗周边的乡村人烟稀少，草木茂盛且营养价值高。不仅如此，其水质也得天独厚，英国剑桥城市史研究所认为，勒德罗是“英国最好的城市水源地之一”。凭借着这样优渥的条件，勒德罗大力发展畜牧业，在英国的羊毛交易市场中占有了举足轻重的地位。在中世纪，羊毛织物被称为勒德罗之白，在伦敦的售价极高。勒德罗的畜牧市集也存在了近千年。

有着这样雄厚的经济实力与完整的经济体系，勒德罗即使在 1640 年边界理事会被撤掉、人口流失 20% 之多的时候，经济也没有一蹶不振。它凭借着自身，顽强地撑了下来，如今又以另外的姿态繁荣发展。

绵羊如今仍是勒德罗的经济支柱。勒德罗每周二有一次牲畜拍卖会，它采用竞拍的形式，吸引着众多居民。以前，畜牧集镇在英国很普遍，但在过去的几十年里，500 多家集镇依次倒闭，让步于大型集团。但是，勒德罗的畜牧集镇却奇迹般地生存了下来，不但如此，它还成为英国最大的畜牧市场之一。因为虽然以前人们偏向于选择较近的畜牧市场，但随着众多市场的倒闭，不得不转向勒德罗，客观上大幅增加了其市场客源。

虽然存在了千年，但勒德罗绵羊产业并没有因循守旧，它吸收了现代化的元素，与世界接轨，寻求发展。例如：无法生育的老母羊在过去的勒德罗一文不值，但现在因为经济全球化，它也找到了自己的市场，作为清真羊肉串和咖喱羊肉的原料走上了集市市场。

价值极高的羊毛催生了富裕的中产阶级商人，极大地带动了当地经济的发展。例如，当地羊毛商人劳伦斯，其财富足以和贵族相媲美，他甚至曾向国王放贷，也是他于 13 世纪修建了壮阔的斯托克赛城堡。他曾说：是绵羊给了我一切。也正是劳伦斯这样的商人让小镇发生了翻天覆地的变化。

第三节　城市运营体系：和谐有序的社区秩序

一、基石：小镇居民

小镇的居民是整个城镇中最重要的组成部分，他们对勒德罗的贡献远超于那些建筑、街道。为什么这么说呢？因为居民才是慢城实际的架构者。一方面，小镇居民对小镇本身的古建筑、文物保护非常关注，他们用自身行动保障了小镇的外在硬件不受破坏；另一方面，居民缓慢悠闲的生活态度、崇尚手工的人文精神包含了勒德罗小镇的特性，这本身就是慢城文化重要的组成部分。

从文物保护方面来看，勒德罗人严格遵守中世纪的租地法，绝不随意改动建筑，保留着街巷的原始风貌。新建筑想要得到居民的认可，也必须保护文物古迹，并且遵循当地的建筑风格。下面就拿小镇唯一的一家连锁商场 TESCO 为例来说明。TESCO 的建造费了好大的功夫。本来开发商想建在主路上，但居民认为这样建虽然看似不会影响古城风貌，但大超市会把镇上的居民带走，给勒德罗带来毁灭性的打击。于是小镇居民否定了这一提案，让开发商修改企划，把店建在小镇旁边历史最悠久的街道之一科夫路上。居民的强硬态度远不止于此。在商场的设计上，为了与小镇的整体风格和布局相一致，开发商不断征集公众意见，并和小镇进行了多年的拉锯战才达成一致，整个过程花费了九年之久。

仅有文物和建筑，是不足以支撑勒德罗“慢城”的称号的，它真正闪耀的，是其慢节奏的生活方式和居民悠然自得的生活态度。勒德罗的居民崇尚古朴、强调自然，小镇至今仍保有大量的自营店铺，如面包房、蔬菜店和在很多其他地方已经消失的古朴店铺（如书本装订店）。在勒德罗几乎看不到连锁店，更看不到麦当劳或汉堡王。街上的小商店静静地开着，偶尔看见雅致朴素的店牌悬挂在门前。店主悠闲地在柜台看报纸，等客人来了才抬起头，不紧不慢而又亲切地打个招呼。面包房内，师傅气定神闲地做着最纯正的本地面包，芳香四溢、令人垂涎。肉铺里，摆着取材于当地的各种肉食；街边，小孩子在冰柜旁耐心地等候着纯手工冰激凌。而拐过街角，就能找到工匠们的店铺和他们细心雕琢的成品。他们本身就是勒德罗的慢城之景。

二、轴轮：政府

政府在小镇的运行及管理中也起到了关键作用。

（一）职位设置

勒德罗是一个设立市长和镇议会的教区。整个教区归属于什罗普郡管辖。勒德罗每四年选举一次，选举产生的议员到什罗普参选。

（二）小镇管理

小镇议会主要负责勒德罗的日常维护和管理。对于市集来说，镇议会为其提供了资金支持，更新并维护了整个的市场运作，并且对市场进行监督，定期检查商家提供的产品，保证市场的环保性和本土性；对于城市规划，议会大量建设公共设施，利用公共资源服务小镇居民和游客，促使小镇发展。

第四节　城市发展特色：古韵仙境

一、建筑：在 900 年的记忆中游走

（一）教堂

勒德罗小镇是一个有议会和市长的教区。在这个教区中，耸立着英国最大的教区教堂之一，圣劳伦斯大教堂，它还有一个更为人熟知的名字：边疆大教堂。40 米高的塔楼巍然耸立，在附近的街上，抬头就能望见其顶部。圣劳伦斯大教堂是中世纪小镇繁荣程度的象征，在大教堂中，丝毫没有身处偏僻小镇的感觉，反而像是身处于伦敦宏伟的建筑之中。圣劳伦斯大教堂的建筑风格独树一帜，并有许多由石头、玻璃和木材制作而成的艺术珍品，如精雕细刻、艺术价值极高的赎罪椅。在这样恢宏的建筑中行走，内心也不由得变得宁静而虔诚。镇上的居民或者附近的人们都会来教堂虔诚地祈祷，祈求内心的平静。

1999 年，圣劳伦斯大教堂成为英国千座最佳教堂中得到五星级评定的十八座教堂之一，这也证明了其在英国的重要地位。

（二）城堡

城堡是勒德罗的象征，诺曼人在统治英格兰后修建了大大小小几百个城堡。在数间城堡之中，勒德罗古堡是英国小镇中最大的，也是最负盛名的一个。在英格兰与威尔士的战争中，这座古堡发挥了重要的作用。它的城墙堡垒作为防御工具，四处隐蔽着楼梯密道和隐蔽的角落。诺曼式的主楼修建于 1090 年，后来于 14 世纪被改建成了一处王宫。

斯托克赛城堡位于勒德罗西北，由当地著名商人劳伦斯建造，于1291年竣工。历史学家亨利·萨默森认为，斯托克赛城堡是“英国保存最完好的中世纪堡垒庄园之一”。城堡由一座围墙围拢起来，通过木制和石膏制的门楼与庭院相连。在城堡内部，庭院与一个石制大厅相对而立，由两个石塔保护。13世纪的木梁天花板与17世纪的雕刻装饰在城堡中相映成趣。整个建筑的风格仿照爱德华一世在北威尔士建造的城堡群，安全而舒适。从13世纪以来，斯托克赛城堡几乎没有什么变化，就连花园都保留着中世纪的首任主人修整后的样子，是一座罕见的保存完整的中世纪建筑。

现代勒德罗中心地带的城墙已经消失，但一扇城门保存了下来，它是勒德罗的建筑瑰宝。这座门是宽街城门，它一直迎接朋友、震慑敌人。这条街道保存完好，目前已经存在了700多年，仍是勒德罗的主要通道。很多小镇的中世纪城门和城墙早已被现代建筑和宽阔的马路所取代，但勒德罗的城门还巍然屹立着，无声地讲述着历史。

（三）博物馆

如果还想了解勒德罗悠久的历史，可以去其博物馆细致地参观。拉德洛博物馆于1995年开放，讲述了勒德罗历史上发生过的重要事件，时间从青铜时代直到今天。博物馆只有三层，并不是很大，里面有与考古学、地质学和印刷术相关的展品。

（四）街道布局

勒德罗拥有500多座国家保护建筑，经典建筑在小镇中比比皆是，包括中世纪和都铎式的半木结构建筑物。镇上许多房屋仍位于其原址。对称的网格状街道900年来几乎未曾改变过。在勒德罗，不仅街道富有特色，就连建筑物的占地也和900年前完全一样。中世纪的租地法对建筑物有严格的规定：宽度必须是5米，固定的宽度展现了美妙的节奏感。小镇和谐的景致就源于这种节奏，建筑高低错落，遥相呼应。与此同时，起伏的屋顶还与周围景色完美地融合在了一起，城镇与自然，形成了一幅绝美的画面。

不过最绝妙的还是小镇当初的主要街道——宽街。建筑史学家阿莱·克里夫顿·泰勒曾如此形容：过目不忘，堪称英国之最。漫步在宽街，仿佛回到了

17世纪，许多红色、黄色、褐色的砖石房屋临街而立，它们大多是当地贵族、富绅们修建的。在中世纪，经营羊毛、织物和衣物的商人拥有街上三分之一的豪宅。贵族使勒德罗成为高端边界休闲小镇。这里的每一栋建筑都各具特色，但在这条街上却显得无比协调。街上行人很少，也没有嘈杂的音乐与刺目的灯光。一切都是那么静谧，徜徉其中，脚步也不由得轻缓了许多，生怕打扰了宽街的宁静。

二、美食：英国精工烹调运动之都

慢城的概念最早源于意大利奥尔维耶托，倡导人们注重生活质量，以自产自销农产品来繁荣经济。

勒德罗依托产粮区的地理优势，自然而然地成为美食复兴运动的发源地。人们普遍认为“慢城运动”源于“慢食运动”，慢食主义的推行对于慢城的建立和发展起推动作用。慢城运动是在慢食运动中衍生出来的，勒德罗是慢食运动的第一个英国会员，但在出现公共资金的争议之后，它就退出了此项运动。它也曾是英国唯一一个有三家米其林三星餐厅的小镇，数目仅次于伦敦。勒德罗精工烹饪的纯本土食品，如面包、香肠等，在英国都享有盛名。每年9月的勒德罗美食节连开三天，早期这个节日是为了推销当地经济和商业形象，但越办越成功，名声也越来越大，每年都有大批游客前来参加美食节，是绝对不可错过的庆典。

美食节是勒德罗名扬全国的重要原因之一。在勒德罗美食节，慕名而来的人们可以品尝和享受当地精细的食物和饮料。美食节将勒德罗人崇尚本土化、手工制作的特点发挥到极致，几乎所有的食物都是由当地生产的，极少出现外来商家或食物。2017年，参加勒德罗美食节的生产者更是多达180多家，各种美食琳琅满目，果酱、派、英式甜点等，应有尽有。

三、市集：仙境中的人间烟火

集市文化是小镇重要的构成部分，城堡外的集市广场成了小镇的心脏。

最初，当小镇还是一个名不见经传的羊毛交易市场时，市集活动就已经开始，顾客在市集讨价还价的场景已延续了近千年。如今的市集仍保留着羊毛交易，不过随着时间的推移，越来越多的土特产品加入了其中，范围从新鲜水果蔬菜、当地酿造的红酒和烈酒，一直到当地时尚设计师手工制作的木制家具和油画。勒德罗在城堡广场举行定期的户外市集，一般市场在星期一、星期三、星期五和星期六举行，专门市场（例如工艺品、古董、当地产品）偶尔在星期四和星期日举行。每月两次的农产品集会始于 10 年前。他们都由小镇议会专门管理。

勒德罗古风犹存，最主要的市集和中世纪一样开在周四。不过中世纪的时候要热闹得多，商贩大声叫卖，借此吸引游客，更有甚者，不惜直接到街上拉人购物，颇有一点强买强卖的意味，现在则文明多了。来这个市集的人有远有近，买卖双方都把这当成趣事，在悠闲的氛围下生意却很好。三五个老顾客托着下巴和店主说说笑笑，新顾客也不会觉得生疏尴尬，因此吸引了众多当地居民和游客。

随着现代化的发展，英国很多的市集都被大型连锁超市所取代，渐渐消亡，但勒德罗是个例外，不但没有受到影响，反而因其他集市的消失而增加了自己的客源，生意和名气都非常好，成为 21 世纪成功市集的典范。英国国家《生活》杂志也称勒德罗为“英格兰最好的市场小镇”。

第五节　未来展望

尽管如此，看似完美的勒德罗本身也存在着巨大的发展障碍。勒德罗小镇在发展中遇到了哪些问题呢？它坐拥如此丰厚的历史文化资源，今后该如何发展呢？

一、发展问题

（一）贫富差距问题

在看似富足的小镇中，存在着一个贫民窟，它就是采沙场社区。20 世纪

30年代，镇议会开发了勒德罗西北角，建成了采沙场社区，近4000人居住于此。在整个南什罗普郡，采沙场是最贫困的社区。小小的城镇根本无法保证充足的就业机会，而其他城市又太过遥远，导致青年人失业问题非常严重。在这个实际上的贫民窟中，许多房屋都根本不能居住，但多数镇民对此并不关注。对小镇社会问题的抱怨，也是在指责多数镇民的冷漠。青年的失业问题是小镇非常大的不安定因素，此问题不解决，会是小镇一个巨大的隐患。

（二）人口老龄化问题

除了过大的贫富差距外，勒德罗还存在着中心城区人口老龄化严重的问题，30%以上的居民超过60岁。严重的老龄化对当地的养老造成了很大的负担。如果没有持续增长的经济做支撑，整个小镇将会陷入尴尬的境地：青年没有工作，老人老无所依。严重的老龄化迫使小镇需要尽快找出应对方法，推动小镇的良性发展。

二、发展方向

（一）协同驱动——旅游带动经济发展

为了解决以上问题，小镇多方需要持续的努力。首先，政府需要开始重视这个问题。建设采沙场社区是一个方法，但它只是把贫穷的人聚集到一起，无法从根本上解决问题；老龄化问题更是如此，单靠提高养老标准显然不可行。要利用资金支撑，政策鼓励，促进青年居民就业，解决其就业问题。其次，居民自己也要努力奋斗，摆脱困境。比如某前拳击拳手在采沙场建立了拳击场，免费教年轻人打拳，帮助管理社区。这种方式让年轻人不再混迹街头，将怒火以正当途径发泄出来，同时，让其参加拳击比赛，以这种方式筹集捐款。这项活动体现了勒德罗的精神：自律、自信、自强以及其重建小镇的决心。多方联合、共同努力是勒德罗未来实现可持续发展的基础。这也是小镇发展的核心。

发展旅游是一个非常可行的方法。旅游带动就业的力量不可小觑。旅游业是一个复杂的综合性产业，提供了游客旅行过程中所需的全部服务和产品。旅游业的多样化决定了它可以提供的工作种类繁多：既有基础服务工作，也有高级服务工作；既有一般业务工作，也有各类管理工作；既有脑力工作，也有体力工作。这些工作能够吸引不同层次的劳动者，解决大量劳动力的就业问题。勒德罗本身有非常优秀的旅游资源，又是国际知名的慢城，有广泛的游客基础，发展旅游业有天然的优势。在此基础上，应该加强宣传并建设旅游基础设施。目前勒德罗已经有了官方旅游网站，并且有着勒德罗节日网和各旅游景点自己的网站，但整体资源非常分散，没有得到整合。要改变这种局面，就要对勒德罗进行整体规划，联动有关勒德罗的相关网站，形成矩阵化的宣传体系，在保护的基础上开发，提高其旅游吸引力和承受能力，拉动当地就业，帮助解决社会问题。

贫富差距在所难免，阶级也不会消失，重要的是让各阶级都有归属感，把小镇当成自己的家。通过发展旅游可以加强社会参与，为年轻人，尤其是那些无法找到工作的年轻人提供大量的就业岗位。这样一方面可以缓解小镇老龄化的问题，另一方面也可带动当地经济发展，减少贫富差距。更重要的是，发展旅游业，有助于推广勒德罗自身的文化，提高居民的文化认同感，这对于一个地区的良性发展来说是至关重要的。

（二）坚守本真——传承本土乡村文化

勒德罗小镇，地处偏远，仅靠常住居民不足以繁荣经济，想要繁荣兴旺，就必须吸引人来定居。交通不便是它一个巨大的障碍。在这个障碍下，小镇只有提高自身的吸引力，追求卓越甚至完美才能谋求发展。

那么如何提高吸引力呢？核心就是要保护自身传统文化。这主要分为两部分：一部分是对外在展现形式（建筑、文物、节日等）进行保护和宣传，保证其外壳的吸引性。这个部分相对简单。目前镇上的500多个国家保护建筑都由政府出资进行维护，防止其遭到破坏。特殊建筑（大教堂、古堡等）的负责机构也会定期对其进行保护修复。与此同时，他们还动用公众的力量，召集志愿者，筹集捐款，保护街区及建筑。

另一部分则是进一步发扬城市的精神内核，这部分则相对要难得多。当今时代的发展主题就是“速度”和“效率”。如何处理小镇的“慢”与外部世界的“快”这一矛盾？当连锁商场充斥在城市中的时候，人们是否还愿意定期驱车，翻越山丘，来购买小镇的本土产品呢？而镇内的人，尤其是年轻人，又是否能守住寂寞，坚守传统，继续在小镇中生活呢？这个问题需要多方面的力量来解决。

正如前文所说，旅游是小镇发展的一个合理方向。在发展旅游中，如能平衡开发与保护的关系、旅游者与小镇居民的关系，那么在发展经济的同时也能保护小镇自身独特的文化，这可以为小镇的可持续发展做出重大的贡献。

勒德罗，这个诗一般美丽而又古老的地方，只有将传统与现代融合，才能焕发出新的生机。

第四章

四川成都大邑县——雪山下的公园城市

大邑县，因雪山而得名，被誉为雪山下的公园城市，频繁出现在绿色生态城市评选名单和各类热门旅游目的地榜单上，使雪山大邑的形象深入人心。近年来，大邑县依靠充裕的自然文化资源，积极发展运动康养、文旅康养、医疗康养等模式，以冰雪运动与温泉疗养为主要康养吸引物，开始形成覆盖旅游、医疗、养老、文化等多种业态的康养产业体系。

第一节　城市概况：雪山小城

一、地理环境：四季分明的远郊城市

（一）地理位置

大邑县是四川省成都市的一个偏远县城。“邑”泛指城市，大邑寓意为广大的城市。自唐代建县以来，因山水环绕，人文荟萃，被多位古代文人所赞誉，故又被誉为望县，即有名的城市。大邑县地处成都平原向川西北高原的过渡地带，境内既拥有高山和瀑布，又富含草地和溪流。西岭雪山是大邑县的重要品牌资源，“窗含西岭千秋雪，门泊东吴万里船”，这是诗圣杜甫遥望大邑西岭雪山时留下的千古佳句，也成为人们对于大邑县最深刻和鲜明的记忆。大邑县最高的地方是苗基岭，海拔 5364 米，被称为“大邑第一峰”，同时也是成都市第一峰。

（二）气候条件

大邑县属亚热带湿润季风气候区，气候温和湿润，雨量充沛，四季分明，具有“冬无严寒，夏无酷暑”的特点，气候条件优越，非常适合长期居住和旅游。受地势的影响，由东南向西北，气温逐渐降低，降水量逐渐增多，日照逐渐减少，形成多种多样的气候区。

二、人口概况：少数民族众多

大邑县下辖3个社区及8个乡镇，常住人口达51.6万人，有彝族、藏族、羌族、苗族、回族、蒙古族、土家族、傈僳族、满族、纳西族、布依族等数十个少数民族在此居住，少数民族文化丰富。

第二节　城市发展特点——生态文旅立县

一、生态立县——高宜居品质

大邑县地处成都平原地区向山区过渡的纽带区域，因山水环绕，被称为“山川灵秀之乡”，初步探索出了“山区 + 平原”地区生态文明建设路径。大邑县拥有活立木蓄积602万立方米，森林蓄积589.83万立方米，森林覆盖率高达56.14%，负氧离子丰富，自然条件优越。大邑县没有浪费和破坏这绝佳的自然环境，自被确定为国家级生态示范区试点单位以来，始终把生态环境建设作为发展的第一原则，坚持实施“生态立县”。大邑县开展了大气、水、土壤污染防治的三大战役，在以污染防治工作为中心的前提下，针对臭氧污染、噪声污染、工业扬尘、汽车尾气、废气废水排放等污染情况实施了近百项治理工程，强化环境问题整改落实，提升环境监管水平。同时，号召本地居民和来访游客采取绿地低碳的生活方式和旅游方式，强化协同降碳行动，用实际行动落实和推动低碳减排的工作。一系列的治理工作取得了重大成效，大邑县长期位居成都市各区县空气质量综合指数第一名，县内的乡镇和街道全部通过了国家级生态乡镇的评选，大邑县也获得国家生态县、国家生态文明建设示范县等重要荣誉。

凭借优越的自然资源和气候条件，大邑县于2021年末被评选为国家气象局公共气象服务中心、中国气象服务协会联合发布的中国天然氧吧传播声量榜第五名，年度人气十强氧吧第七名，是四川省内唯一进入两个评选名单的城市，诠释了“绿水青山就是金山银山”的发展理念。为了进一步提升大邑县的环境质量，自 2022 年起，大邑县采取每月拍摄环境问题暗访片的形式并在政府会议上播放，发现和解决大邑县生态环境方面的难点和痛点问题，用暗查机制，在全县形成督查督导的高压态势，持续改善环境质量，不断提升大邑县的宜居品质。蓝天白云，绿水青山，秀美的自然风光已经成为大邑县随处可见的风景，不仅提升了大邑县本地居民的生活质量，也吸引了全国各地游客的停留驻足，使生态价值转化为经济价值。

二、三旅融合发展——强大文博品牌

在大邑这块美丽富饶的土地上，和蔼的人民和美丽的绿水青山孕育了多样和丰富的历史文化，使大邑素有“蜀之望县”的美誉。大邑县的城市发展规划和五年规划中多次提到要重点发展文化、文旅和文博产业，在 2020 年，更是发布了多个专项文件以落实三文产业的创新发展。大邑的政策文件全面多角度地扶持了三文产业的综合发展，以安仁国际文博产业功能区、西岭雪山文化运动康养产业功能区、大邑文体智能装备产业功能区三个市级重点功能区为主导，着力形成了文博创建名牌、文创延伸业态、文旅带来巨大利润的商业闭环产业链[①]。大邑连续多年举办了中国网络电影周、文化城镇博览会、成都森林文化旅游节、中国高校影视学会、天府丰收节等多个集聚农业、旅游、体育等主题的节事活动，文化氛围浓厚。

2022 年刚评选上 5A 级旅游景区的安仁古镇承担了三文产业融合发展的核心任务。从 2015 年正式启动创建工作以来，安仁古镇发展起了 71 座博物馆，形成全国最大民营博物馆聚落，成为名副其实的“中国博物馆小镇”，并探索出了一条“文博 + 文旅 + 文创”创新融合的发展路径。在安仁古镇建设过程中，以“生活化”“真实化”的古镇为开发原则，没有对原住民进行迁移，而是与原住民共建共享共治，延续古镇的人间烟火。安仁古镇距离成都市区 39 千米，包含刘氏庄园博物馆、建川博物馆、公馆老街三大核心资源。刘氏庄园博物馆是我国保存最完好的封建地主庄园之一；建川博物馆是我国最大的民间博物馆，珍贵藏品无数；公馆老街拥有 27 座大大小小的老公馆，是全国最大、

① 腾讯网. 大邑安仁：四川首座“5A 级古镇”的背后［EB/OL］.［2022-09-29］. https://new.qq.com/rain/a/20220929A0AH3G00.

保存完好、中西合璧的老公馆群落。三大核心景区为安仁古镇提供了丰厚的文博资源条件，为探索三文产业发展奠定了资源基础。文创产业以影视、音乐等形式，设计了文旅演绎、体验等产品，例如大型公馆实境体验剧《今时今日安仁》，让白天不同主题的博物馆到晚上摇身一变为沉浸式戏剧的天然舞台，让游客仿佛经历了时空穿越，在光影变幻中体验民国时期的生活景象，参与国粹川剧、电车游行、民国剧本杀等项目。同时，游客可以在这条老街上了解非物质文化遗产，参与“非遗大师公开课”活动，近距离了解传统捏面人和竹编、剪纸技艺等。文旅产业依托共创共享、全域发展的治理机制，整合大邑县内多个知名的旅游吸引物，全力打造世界级文旅目的地。

三、星罗棋布的精品林盘——川西独特景象

林盘聚落是指由居住宅院、防护林木、灌溉水系、耕作农田共同构成的农村生活空间，是四川平原传统农耕文明聚居结构的最小单元，具有极高的历史文化价值、生态效益以及天人合一的农村生活智慧，是川西平原乡村地区具有典型地域特色的传统聚落[①]。从名字开始，就让人脑海中浮现乡间小路和林木回绕、曲折的影像，唤醒人们内心深处对亲近大自然的渴望。

大邑县拥有2000余个10亩以上的林盘，规模以上林盘数量居全市首位，在川西林盘聚落中拥有举足轻重的地位。大邑凭借良好的林盘本底，立足雪山、温泉、古镇、田园、森林等独特优势，构建了5条林盘走廊和多个林盘特色镇。精品林盘的建设在大邑县实现乡村振兴的道路上扮演了重要的角色，将林盘作为大邑县城乡建设的核心抓手，用林盘生态价值转化促进文旅大邑高质量发展，大邑县因此获评成都市首个川西林盘保护修复示范县，并连续三年获评全国最具诗意城市。同时，大邑县积极抓住宣传机会，开展了“天府旅游名县巡礼”报道、川西林盘宣传推广季等推广活动，向公众展示大邑县打造精品林盘的成果。如南岸古村的锦绣安仁奇境花园，以“川西林盘＋主题精品民宿”模式，打造了南岸美村“溪地阿兰若”“咏归川”等国内知名品牌民宿聚落，各个院子主题不同，并融入茶文化、书法文化、民俗文化等，让破旧的

① 刘勤，王玉宽，郭滢蔓等.成都平原林盘的研究进展与展望［J］.中国农学通报，2017，33（29）：150-6.

小院子重生为充满着自然和文化氛围的主题民宿；稻乡渔歌林盘以“特色镇＋川西林盘＋共享产业平台”为抓手，以7个林盘和3000亩稻鱼、稻鸭、稻果共生、有机黑稻种植为本底，串联10千米长的绿道花海环线，将林盘与文化、旅游、体育等相结合，促进了农商文旅体融合发展[①]。这些乡村林盘的改革转型发展营造了全新的消费场景，大大增加了原住民的就业机会并提升了当地的社会经济条件，以“林盘＋”推进乡村振兴，实现林盘保护修复与生态价值转化的有机结合。

四、成都半小时经济圈——成都后花园

大邑县位于成都市的远郊区域，乡村众多。虽然山水环绕，自然环境绝佳，但大邑县终究只是一个偏远县城，与中心城市依然存在较大的差距，因此，建设现代交通构架对于大邑县来说至关重要。十三五时期，大邑县乘了成都市建设国家中心城市的东风，从铁路、公路等交通道路上入手，加快大邑中心交通道路和立体交通网络的构建，尤其是成蒲高铁的建成，使大邑县正式加入成都半小时经济圈，给大邑带来了众多的流量。游客来到成都市后，也会自然而然地选择来到离成都市只有半小时车程且知名景区数量仅次于成都市辖区的大邑县，既不远离繁华都市，又能接触优秀的自然人文，来这里欣赏西岭千秋雪，享受花水湾温泉，体验老公馆风情，品尝富有大邑特色的肥肠血旺、肉粽、麻油鸭、黄醪糟等。交通环境的完善，使大邑县既能更好地承接成都市中心城区的经济辐射，又能对接周边各个现代城市，拓展了大邑县的城市发展空间，不仅使大邑县的旅游产业更上一层楼，极大地提高了游客总人次，而且对于城市经济发展、城市环境优化、居民民生改善起着重要的作用。大邑县还抓住发展机会，凭借得天独厚的资源优势和逐渐建成的立体交通网络，吸引着国内外重大项目的投资，在2021年强势入选中国西部百强市。

---

① 成都大邑：利用林盘生态价值促进文旅高质量发展［EB/OL］.［2022-08-16］. https://baijiahao.baidu.com/s?id=1741303318793583406&wfr=spider&for=pc.

第三节　康养旅游产业——冷暖相融

一、旅游发展——城市的名片

大邑县委县政府坚持“文旅兴县”发展思路，先后引进成都文旅集团、中建集团、宝能集团、建川集团、碧桂园集团、恩威集团、华侨城集团等企业，以重大文旅项目建设为载体，设计多样的文旅产品，配套完善旅游基础设施，提升旅游资源的品质，扩大其旅游影响力，促进了全县旅游业的快速健康发展，正在往世界级旅游目的地转型发展。

（一）旅游资源

大邑县内有多个知名的旅游吸引物，主要依托“三山一泉两古镇”构建全域旅游发展格局，具体包括国家级滑雪旅游度假地西岭雪山、宗教名山雾中山和鹤鸣山，成都地区唯一的医疗级古海水温泉花水湾，以及历史文化名镇安仁古镇和新场古镇。此外，大邑县还拥有世界自然遗产等多个知名景点，大邑县也是成都市唯一拥有室外滑雪场的旅游目的地。大邑县的旅游发展已从之前单一的观光旅游逐渐向复合旅游转变，覆盖了自然观光、户外运动、休闲度假、森林康养、宗教朝觐、商务会议等多种业态，打造了人文生态康养度假旅游目的地。

（二）基础设施建设

大邑县的旅游基础设施和配套设施基本完善，但还有待进一步加强。对外交通方面，成蒲高铁的建成使大邑县正式加入成都半小时经济圈、成都机场一小时经济圈的范围内，拥有基本通达的主城交通线路网络，也实现了周边主要城市间的交通往来自由。旅游交通方面，开通了景区专线巴士，可直达安仁古镇、西岭雪山、安韩现代农业观光园区等主要旅游景区。景区内部也设计了多样的交通线路，建设了包括生态步道、自行车道、观光车道等在内的慢行系统。如安仁古镇除了自行车游览道，还开通了有轨电车和老爷观光车，它们是安仁镇观光旅游重要配套旅游交通工具之一。同时，考虑到老年人用手机支付的困难，大邑县还配备了助老打车暖心车站，以方便老年游客出行，暖心车站分别位于大邑高铁站、大邑客运中心两个交通枢纽和主要景区内，降低了网上打车的使用门槛。大邑县拥有两家星级酒店，二十家星级农家乐，两百余家特色民宿，为游客提供多样化、多主题的住宿选择。大邑县建成二十余个A级旅游厕所、一个旅游集散中心、两个旅游综合服务中心、四个旅游服务区、两处房车露营地等一系列旅游配套设施。目前，大邑县正在加快基础设施和配套设施的改造升级，实施大邑至西岭雪山公路综合整治工程、景区观景台建设工程、天府美丽乡村路提升整治工程等，在着力建设国际生态文化旅游目的地。

二、康养产业体系——覆盖多种业态

文旅大邑是大邑县城市发展的主要定位，而康养产业是文旅大邑的核心组成部分，承担了大邑县国际生态文化旅游目的地创建的部分功能。发展康养产业体系是大邑县近年来的重要发展任务，既能提高大邑县居民的生活质量和满足其健康需求，推进区域医疗卫生协同发展，又能促进大邑县康养产业功能区的完善。多年来，大邑县依靠充裕的康养资源，通过探索发展“运动+康养”“文旅+康养”“医疗+康养”等模式，不断优化当地康养产业发展布局，形成了覆盖旅游、医疗、养老、文化等多种业态的康养产业体系。以下着重介绍大邑县康养产业体系中的典型例子，其中，一冷一热的独特康养体验，即冰雪运动康养与温泉医疗康养的结合，是大邑县康养产业的特色之处。

（一）运动康养

西岭雪山运动康养产业功能区规划总面积约550余平方千米，涵盖了大邑县境内5个建制镇，涉及了西岭雪山景区、天府花溪谷景区、花水湾景区3个国家4A级旅游景区，以及鹤鸣山、雾中山等景点。功能区重点发展以冰雪运动场馆运维、冰雪运动与山地运动赛事策划、运动培训认证等为主的运动产业，以度假、温泉疗养、健康管理等为主的康养产业。

西岭雪山是首批国家级滑雪旅游度假区之一，也是西南地区唯一入选的国家级滑雪旅游度假区，承接了南方冰雪产业发展的主要动力。同时，西岭雪山也是大邑县的核心旅游资源之一，它奠定了大邑县雪山城市形象的资源基础。西岭雪山的森林覆盖率超过 90%，拥有多种珍稀动植物资源，是成都地区唯一拥有室外滑雪场的景区。得天独厚的自然资源条件，以及国家东冰西扩、北冰南展政策实施的加持，使西岭雪山自然而然地走向了发展运动康养产业的道路。景区内部通过旅游交通路线，串联了度假区门户空间、后山山地运动休闲体验区、前山山地观光康养游览区，形成了“一环三区”的功能分区模式①。前山景区以康养观光为主，结合当地自然资源，游客可在此游览五彩瀑布、森林佛光等独特景色，以及观赏大熊猫、金丝猴等珍稀动物，进行山地观光和休闲互动。另外，还引进了深受年轻旅游者欢迎的网红高山酒店、网红打卡地等，使该景点功能从观光向康养度假过渡。后山景区将重点放在了建设高山体育娱乐设施上，游客可以参与山地自行车、骑马、漂流、越野车、空中运动项目、射箭、滑雪滑草等休闲运动。同时，西岭雪山还经常举办如全球华人滑雪大赛、越野车赛事、南国冰雪节等竞技体育和休闲运动类的活动，满足游客多样的运动康养需求，打出了大邑雪山康养的名号。

天府花溪谷地处龙门山脉，山水环抱，两条山泉小溪贯穿整个景区。93%以上的景区森林覆盖率和 3500~17 000 个 /cm^3 的负氧离子含量，使花溪谷得到了“洗肺之谷”的头衔。这里是集花卉培育、种植、销售、观光、旅游、度假、户外运动、绿色餐饮、农业体验、亲子体验、科普教育等众多业态于一身的森林康养度假区。山谷主打特色花卉观赏和山地户外运动。根据季节不同，打造特色主题花卉景观，春季以观赏海棠花、郁金香、美人梅为主，夏季以绣球花、月季、马鞭草花海为主，秋季以观赏红枫、百合花海为主，冬季以欣赏蜡梅、红梅为主，且可以体验奇石温泉。此外，建设有 20 余种山地户外运动体验设施，包括 5D 玻璃吊桥、悬崖秋千、飞跃花海、彩虹滑道、蚂蚁亲子乐园、空中飞人、骑马、射箭、激战丛林 CS、丛林穿越、花溪迪士尼、碰碰车、溜索、森林水世界等 20 余个项目，满足各年龄段游客的运动休闲需求。这里还有着山泉森林浴场，包含 6 个汤池，让游客在绿水青山中感悟大自然带来的身心享受。未来还将建设 VR 运动体验馆、低空极限运动中心、主题酒店等，

---

① 赵增兴，许明智 . 动静结合，山地运动为森林雪山康养再添“一把火”[EB/OL] . 川观新闻，2020-10-16. https://cbgc.scol.com.cn/news/409290.

通过 AR/VR、声光控及全息影像等技术，打造 3D 全息魔幻森林等夜游体验产品，探索森林康养的多种消费场景，培育智慧康养模式。

（二）医疗康养

为了满足大邑县居民的健康需求，大邑县大力发展老年医学科、中医科、康复科等科室，实现优质康养资源的扩容，以契合大邑县正在发展的康养模式。大邑县积极招引面向中高端的休闲康养、医疗康养、健康膳食康养、美容康养等智慧康养项目，并积极拓展康养场景，积极推动互联网 + 医疗康养的模式，促进数字化医院、远程医疗会诊、居家上门服务等康养场景的应用。建立了大邑县全民健康信息平台和孝行通智慧养老信息化平台，为大邑县居民提供便捷化、多样化、智能化的康养服务。除了为本地居民提供的康养服务，大邑县也积极发展为游客提供健康养生的医疗康养旅游产品。

花水湾温泉度假小镇是雪山下的生态园林小镇，森林覆盖率高达 85%，群山起伏，景色秀美，气候舒适。花水湾温泉形成于远古四川盆地海陆变迁时期，发掘于地下约 2800 多米处，水温高达 68℃，富含多种珍稀矿物质，有极高的医疗保健价值。花水湾温泉是成都地区唯一达到医疗热矿水命名标准的宝贵大型地热矿水，对改善肌肤血液循环、促进新陈代谢有较好作用，在增强关节筋骨、改善肌体皮肤等方面有极好的辅助疗效，因此被誉为“天府奇汤”。花水湾镇采取温泉 + 旅游的模式，主打休闲度假旅游发展，多家温泉酒店在花水湾镇如雨后春笋般建立起来，逐渐形成了温泉主题的酒店集群。自发生新冠肺炎疫情后，大众更加重视健康，位于花水湾镇核心位置的花水湾温泉第一村看到了这个发展的绝佳机会，于是，花水湾温泉第一村与大邑县中医院合作，打造了花水湾中医药旅游康养中心，游客可以通过常规身体评估检测，由大邑县中医院根据检测结果编制个人运动处方、食疗处方、保健处方，进而体验温泉水疗、八段锦和颈腰养生操、园艺疗法 + 中医膳食养生等治疗方法，从身到心让游客体验温泉康养的美妙。花水湾中医药旅游康养中心也在 2021 年被认定为“2021 年四川省中医药健康旅游示范基地”，进一步提高了花水湾医疗康养的知名度。

（三）文化康养

鹤鸣山属岷山山脉，海拔超过 1000 米，森林覆盖率达 90% 以上，北依青城山，南邻峨眉山，西接雾中山，足抵川西平原，距成都市约 70 千米。景区内松柏成林，山涧溪流湍湍，是著名的避暑胜地。同时，鹤鸣山也是举世公认的中国道教发源地、世界道教朝圣地，被称为“道国仙都”“道教祖庭”，历代的许多著名道士曾在此修炼过，一些皇帝也曾到鹤鸣山祭祖。中国道教文化节在鹤鸣山举办，弘扬道法和中国优秀传统文化，每年吸引数十万游客前来朝拜和祈福。鹤鸣山道源文化景区规划 23 平方千米，是融文化旅游、养老地产、医疗健康、养生度假、运动公园、生态农业等为一体的复合型景区。景区规划遵循道家“道法自然”的原则，即以尊重自然为前提，以原本的山水地貌为主，融入中国道教的价值内涵，聚焦溪谷、汤泉、森林、高山、草甸等多重生态资源，修建了半山花海、天空图书馆、艺术花村等项目，配以富含道教文化色彩的互动小游戏、特色茶品鉴等活动，为芸芸众生营造一方度假、养生的福泽之地。

第四节 城市发展愿景——以山水田园之美构建新格局

大邑县在飞速发展的同时也显现出诸多问题，如经济质量不高、城市功能不全面、公共服务不完善等，亟须进一步优化升级。接下来，大邑县将围绕着绿色生态的雪山公园城市、文旅康养度假型旅游目的地、场景赋能型的川西林盘聚落三个发展主题，开启大邑县城市发展新的篇章。

一、绿色生态的雪山公园城市

雪山公园城市是大邑县多年来致力营造的大邑对外形象，也是发展理念的核心所在，符合了成都市大力建设公园城市的发展规划。公园城市追求绿水青山的生态价值和绿色低碳的经济价值，前者在遵循生态文明建设的前提下，深入践行“绿水青山就是金山银山”理念，以绿色生态视野在城市构建山水林田湖草生命共同体，将“城市中的公园”升级为“公园中的城市”，实现人地关系的协调发展。后者以创新作为发展的主引擎，着力构建资源节约、环境友好、循环高效的生产方式，淘汰高耗能产业，发展新经济、培育新动能，推动形成转型发展新路径[①]。

大邑县将落实成都建设公园城市的发展规划，以绿色生态和环保低碳为公园城市建设的发展方向，构建雪山下的公园城市示范区。首先，继续强化污染治理。在协同降碳、治污减排、控车减油、清洁降尘、综合执法、科技治气六大行动的基础上，建设大数据环境监测平台，加强城市风貌整体管控，定期对生态环境进行抽查监测，尤其是秋冬季的大气污染治理和水污染治理。其次，坚持低碳发展。双碳目标是国家治理现代化的新领域、新任务，实现的关键在于城市的调动。大邑县将积极推进产业转型和能源转型，加快建立煤耗、能耗减量替代制度和生态产品价值核算体系，并出台政策支持企业往绿色工厂转型发展。同时，在社会营造绿色低碳的生活风尚，鼓励市民多使用新能源汽车、公共交通和自行车。最后，提升人居环境质量。以旅游环线为核心，以农村地区为重点，整治环境卫生、改善市容秩序、景观风貌等，完善基础设施和配套设施，优化城市发展环境，全面提升城市环境品质，推进城市和乡村全域景观化景区化改造。比如对破损墙面进行修复，加以绘画、装饰等，展现文明城市样貌；全面检修基础设施使用情况，提升设施水平；加强沿线花草树木的管理维护，提高绿地品质等。

二、文旅康养度假型旅游目的地

大邑县拥有丰富的自然资源和人文资源，旅游发展的重心是如何将这些资源转化为具有吸引力的旅游产品，让游客在旅游过程中不仅能观赏到独特的自然风光，还能感受到大邑县深厚的文化底蕴，了解其文化的内涵和价值，从而使大邑县能在与众多旅游地的竞争中脱颖而出。因此，大邑县应从战略布局和具体行动上采取相应的措施，打造文旅康养度假型旅游目的地。首先，确定未来发展战略。以人文资源和自然资源为基础，以“文化、生态、康养、度假”

---

① 范锐平 . 加快建设美丽宜居公园城市［N］. 人民日报，2018-10-11（007）.

为主题，以“庄园·文博”“道源·古佛”“雪山·温泉”“乡村·田园”四大旅游品牌为核心，兼顾观光体验型旅游产品与休闲度假型旅游产品，构建文旅康养度假目的地体系。其次，做好品牌定位。大邑县拥有 1 个 5A 级景区和 5 个 4A 级景区，每个景区应该有不同的形象和品牌分工，避免景区间的同质化竞争。安仁古镇可以凭借多个文化景区定位为博物馆小镇，西岭雪山可以依托滑雪旅游度假地大力发展冰雪旅游，花水湾可以依赖医疗热矿水打造温泉康养胜地，雾中山和鹤鸣山可以凭借宗教文化建设宗教名山等。再次，设计多样化的文旅康养度假产品。大邑县正处于由观光旅游向文化休闲康养度假旅游转变的阶段，旅游产品依旧需要进一步的迭代和升级。要活化利用大邑县的自然人文资源，打造新兴业态和场景。如西岭镇可借北京冬奥会成功举办的东风，引进或者培育国际级别的体育赛事，丰富冰雪运动、户外拓展等多元化场景；花水湾镇可加强周边环境的改善，持续推进酒店改造升级，培育云上滨河、浪漫里等特色经济示范点。最后，完善基础设施，打造全域旅游发展格局。目前，大邑县虽然设置了景区之间公共交通的连线，但这些仅仅覆盖了部分距离较近的景区，距离较远的景区之间依然存在公共交通不便的问题。下一步应该加快各景区节点间的交通联系，在保证重要景区连接成线的基础上，再将其他新兴景区逐渐串联到旅游交通线路上，并在沿线加快推进农商文旅体融合新业态的发展，让游客留得住、有得买、玩得好，形成“两日游”“多日游”线路，打造复合型旅游目的地。

三、场景赋能型的川西林盘聚落

大邑县拥有数量可观的林盘聚落，川西林盘的设计与改造是实现大邑县乡村振兴的重要抓手，实现了林盘保护修复与生态价值转化的有机结合。大邑县也清楚地认识到盘活林盘资源对于大邑未来发展具有举足轻重的意义，也已经开始采取多样的办法来促进场景赋能型的川西林盘聚落的建立。首先，加快保护修复川西林盘。大邑县目前已建成精品林盘 80 余个，后期将以保护修复 200 个特色精品林盘为目标，力在描绘出大邑县“村村有精品林盘、镇镇有大美公园”的绚丽乡村画卷。作为成都市唯一的川西林盘保护修复示范县，大邑县政府要强化政策支持，设立林盘保护修复的专项资金，强化项目招商引资，吸引社会资本的加入，并将打造精品林盘的目标任务分解到镇和县级相关部门，确保林盘保护修复工作举措落地、落实。其次，培育川西林盘品牌。一个林盘能够呈现一幅乡村景观，也能够展现一种生活方式。大邑县的林盘可以围绕雪山、森林、温泉、小溪、古镇、田园、熊猫等独特资源，进行独特性极强的林盘美学设计，将艺术和特色融入乡村的景观、建筑和生活方式中，展现大邑县多样的林盘美学风貌，培育多个大邑川西林盘品牌，在一众川西林盘品牌中打出自己的名号，如雪山精品林盘。最后，为川西林盘赋能。秉持一个精品林盘聚落催生一个服务业企业的理念，将吃、住、行、游、购、娱等各个要素融入林盘的功能当中，营造农商文旅体消费新场景，以赋能传统林盘的改革、升级。可以在林盘建设中融入研学教育、亲子游玩、乡愁体验、文化感知、体育节事等，使林盘从单一经营模式转向农商文旅体融合发展模式，打造旅游型、商务型、文博型等场景赋能型川西林盘，培养新的乡村旅游消费需求[①]。

① 成都市人民政府. 成都市国民经济和社会发展第十四个五年规划和二〇三五年远景目标纲要［EB/OL］.［2021-03-22］. http://gk.chengdu.gov.cn/govInfoPub/detail.action?id=2876436&tn=2.

第五章

瑞士蒙特勒——世界顶级医养健康小镇

随着物质条件的升级，人们越来越注重精神需求，对幸福和健康的生活更加渴望。人们对康养产业的需求呈井喷式发展，康养产业成为旅游业的热门产业之一。瑞士蒙特勒是世界顶级的医养健康小镇，它充分挖掘并利用区域的自然与人文资源，引进研发先进医疗康养技术，推出定制化康养服务，完善休闲旅游度假设施，是因地制宜打造的全球医美疗养胜地。

第一节　概况：浪漫的田园城镇——瑞士的“里维埃拉”

一、地理位置

蒙特勒（Montreux）是位于瑞士沃州瓦维区自治州边境的自治市，处于东经 6 度 55 分、北纬 46 度 26 分的位置，地处北温带，属于温带海洋性气候，四季舒适，年平均温度为 9℃。蒙特勒坐落于日内瓦湖畔东岸，背倚气势恢宏的阿尔卑斯山脉。小镇面积极小，仅 33.41 平方千米，包括 19% 的房屋和基础设施区域，25.3% 的农业区域（占牧场的 55.8%），50.6% 的林木区域和 5% 的非生产性区域，站在高处便可俯瞰全貌。根据瑞士人口普查数据，小镇常住人口达到 25 984 人（2018 年 12 月数据）。小镇与法国隔湖相望，官方语言为法语。

蒙特勒是一个田园般的小镇，以气候舒适闻名。这里天空湛蓝，街边处处点缀着鲜花，湖畔周边矗立着大大小小的浅滩和码头，湖光山色之间矗立着精美的建筑，有威严的教堂和富有特色的民宅，周围布满了葡萄园，空气中弥漫着天然的浪漫气息，置身其中让人感觉到前所未有的宁静。蒙特勒的美让人过目不忘，似人间天堂，与世无争，它被称为瑞士的“里维埃拉”。

二、旅游资源

（一）自然资源

日内瓦湖隶属于阿尔卑斯湖群，是世界上第一大高山堰塞湖。日内瓦湖位于瑞士的边境，是划分法国和瑞士两国的分界线，法国拥有33%左右的湖泊面积，法国人称呼其为“莱芒湖”，湖泊的67%属于瑞士，瑞士人称其为“日内瓦湖”[①]。从古罗马时期开始，该湖便是两国相互交流的交通要道。湖水清澈见底，湖面上天鹅、野鸭和海鸟成群嬉戏，沿着湖畔零零散散分布着精美的雕塑和花圃，每当太阳西下，晚霞余晖洒在湖面上，一片波光粼粼的景象，景色十分壮丽。沿湖分布着众多的旅游小镇，例如蒙特勒、尼尔、洛桑和莫尔日等。当地政府利用湖区优质的山水人文资源，围绕湖区建设旅游区，环湖景区风光旖旎，各自选择拥有不同特色的旅游项目作为发展重点，谋求共同发展。

（二）人文资源

西庸城堡是一座矗立于海岸凸出岩石上的城堡，由一座廊桥与岸边相连，远看城堡在水中处于漂浮状态。它是瑞士最具代表性的城堡，有着欧洲十大古堡之一的称号。目前人们无法准确判断该城堡的起源，但是据最早的历史记载，西庸城堡已经经历了1150年时光的洗礼，是一座历史悠久的古典城堡。建筑学家认为在11世纪人们就已经将城堡基地的石头修筑完成，在12世纪中叶到13世纪这一期间，为更好地实现其防御功能，人们对城堡进行了修缮和扩建，奠定了现在城堡的基础[②]。

“Chillon”是西庸的英文名，在法文中翻译成石头的意思，人们都说城堡的得名便来源于它所矗立的那块突出湖岸的巨岩，事实上城堡的城墙也像石头一样坚固。整个城堡的塔楼都是黄色瓦片和土质的砖墙，墙壁略显沧桑，论华丽，西庸城堡难以匹敌霍夫堡宫，论壮观，西庸城堡不及布拉格城堡，城堡内的装饰亦略显素净，与欧美城堡难以比肩。但是西庸城堡有它自己独特的价值和用途，尤以监狱最为出名，防御特性极强，一面临湖形成天然屏障，一面面向陆地设置了枪炮发射的洞口，拜伦的作品《西庸的囚徒》让这座城堡闻名于世。爬上最高处的塔楼，向远处眺望，环湖山景倒映水中，错落的木屋鳞次栉比，景色十分美丽！

拉沃葡萄园梯田（Corniche Lavaux Vineyards），是瑞士著名的葡萄产地，也是远近闻名的葡萄酒酿造基地，是瑞士面积最大（800公顷）的梯田形葡萄

---

① 瑞士日内瓦湖区旅游局中文版 .http://www.lake-geneva-region.cn/destination/montreux-riviera.

② 西庸城堡 | 马蜂窝 .https://www.mafengwo.cn/poi/5504764.html.

园，因其独特的地理位置与气候和光照，酿造出的葡萄酒香甜可口。葡萄园位于蒙特勒和洛桑之间的丘陵地带，起于小镇南部的西庸城堡，沿日内瓦湖湖畔不断向南延伸，山坡小路呈“Z”字形向上蜿蜒，全程约有40千米，具有俯瞰全景的视角。在田埂漫步，从葡萄架穿过，倚着栏杆眺望，皑皑雪山危耸矗立，山脚下红色屋瓦的特色民居建筑星罗棋布，微波荡漾的日内瓦湖和漫山遍野的葡萄园相互交织，远处的青山相映成趣，沿湖而建的火车轨道以及黄蓝色观光小火车隐约可见，田野风光浓郁，构成一道令人惊叹的风景线，有着“人类与自然的完美对话”美誉，在2007年被列入了联合国世界文化遗产。

费尔曼蒙特勒皇宫酒店（Fairmont Le Montreux Palace），被称为瑞士里维埃拉的珍珠（The Pearl of the Swiss Riviera），始建于1906年，至今已有116年的历史。这间奢华酒店位于阿尔卑斯山山脚之下，面向静谧的日内瓦湖，坐在酒店阳台上便可饱览小镇的自然美景。酒店是一座纯欧式建筑，设计将古典风格中繁杂华丽的部分予以简化，以较为现代化的样貌呈现，除经典风格的白色之外，结合了丰富的色彩和素材，从视觉上呈现出耳目一新的感觉，摒弃了古典风格中的烦琐和沉闷，多了一些活泼俏皮的感觉。酒店的地理位置十分具有优势，抵达火车站和码头只需要步行6分钟左右，前往老城区也只是需要15分钟左右的路程，去往周边景点十分便利。值得一提的是，这间奢华酒店是全瑞士最豪华的疗养酒店，有全球最先进的细胞抗衰老疗法，闻名全球的抗衰老专家Dr. Mainguy和他的抗衰老中心（蒙特勒皇宫生物抗衰老中心）（BAAC），吸引了众多世界名流前来旅游疗养。

蒙特勒爵士音乐节是蒙特勒当地所有节日中最重要的活动之一，自1967年以来，蒙特勒爵士音乐节会集了当代最伟大的音乐家，在音乐领域享有着特有且博采众长的盛誉，每年都会有220 000名左右游客为参加音乐节而来到蒙特勒旅游，因此，蒙特勒又被称为“爵士之都”。音乐节不仅会在三个音乐厅举行，同时还会包括音乐游轮和音乐火车，游客可以欣赏200场左右的免费演出，例如声乐、乐器演奏会以及钢琴独奏比赛、讨论会等，还有在蒙特勒小镇广泛流传的音乐活动——天空下的蒙特勒爵士乐。目前，蒙特勒爵士音乐节已经由创立之初的三天地方活动发展为持续长达16天的全球盛典，主题丰富且多样，已成为瑞士蒙特勒小镇旅游业的名片。

（三）交通条件

在蒙特勒小镇境内，当地政府构建了环湖主题线路，使环湖交通成为难忘体验之旅。除火车、巴士，湖区还设立了梦幻交通线、徒步线路和主题游线路，包括环湖越野自行车、跨国游轮、全景主题观光列车、覆盖全城的旅游观光巴士。主题线路内容丰富多样，有会奖游、日内瓦巡游、历史文化艺术游、环湖徒步、白葡萄酒巡游等[①]。

蒙特勒小镇没有机场，通常是从日内瓦机场乘坐火车到达蒙特勒；但是蒙特勒火车交通系统较为发达，蒙特勒火车站是瑞士沃州蒙特勒最主要的火车站，瑞士联邦铁路的标准铁轨列车在此经停，窄轨的黄金快车也以此站为西部起点。从蒙特勒到达周边其他旅游小镇方便快捷，一般情况下，每小时有数班火车，全程只需 20 分钟左右，乘坐火车从蒙特勒出发到达日内瓦，全程仅需要 1 小时，并且公交站点之间的距离非常短，交通十分便利；此外，还有汽车和轮船等其他交通工具。值得一提的是，蒙特勒是黄金列车的起点和终点，乘坐火车，沿途可看到温柔恬静的日内瓦湖、蜿蜒壮观的阿尔卑斯山、布满绿植的山间牧场以及一望无际的葡萄园，可谓一路风光如画。

（四）名人效应

首先，蒙特勒小镇的旖旎风景，各种风情节庆活动，人与自然和谐的氛围，引得无数明星、欧洲皇室及显达贵人来此度假定居，休养生息或者寻找创作灵感。在日内瓦湖畔，有很多名人的华丽住宅和私人游艇，海明威和芭芭拉·亨德瑞克都曾在此居住；拜伦在湖畔不远处的西庸城堡写下名篇《西庸的囚徒》，使西庸城堡名扬天下；著名喜剧大师卓别林在日内瓦湖畔的巴恩庄园居住了 25 年，目前其已面向公众开放，用原始电影的形式装饰，采用现代化的博物馆展览方式，向世人展示着查理·卓别林的戏剧作品。

其次，蒙特勒小镇作为世界顶级医疗康养小镇，其“羊胎素疗法”吸引众多明星和模特前来体验；先进的医疗康养技术拥有众多名人群体拥护，例如法国影星阿佳妮（Isabelle Adjani）和西班牙明星安娜（Ana Obregon）等众多知名人物。

---

① 城市指南 | 蒙特勒 .https://travel.qunar.com/p-cs368901-mengtele-zhinan.

（五）特色购物

蒙特勒的购物市场位于日内瓦港口剧院路（Theatre）西北方向，市场上方搭建着引人注意的绿色敞篷，很容易被找到。这里店铺林立，各种品牌的商品可以满足游客多样的购物需求，与此同时，市场每天会不定时举办各种活动，每周五上午的市集会聚集上百个摊位，在这里可以买到各种当地的瓜果蔬菜和日常用品。值得一提的是，购物市场在某些时间段还会有街头表演活动，热闹非凡，非常具有当地的风情和特色。

第二节　发展阶段：生态立镇，医疗兴镇，产业协同发展

小镇背靠阿尔卑斯雪山山脉，坐落于日内瓦湖畔，独特的地理位置和悠久的历史环境赋予其宜人的自然生态美景、淳朴的地域风情以及特点鲜明的建筑民居、得天独厚的温泉地热资源。小镇在已有的自然、人文资源基础上，引进了先进的医疗技术，发展高端定制化康养服务，完善旅游休闲设施，形成一系列高端医疗康养体验产品。总体来看，小镇的整体发展遵循了分期开发、由简入繁的产业发展模式，分为三个发展阶段。

一、生态立镇

自19世纪上半叶以来，蒙特勒已成为瑞士最重要的旅游目的地之一。在1836年至1859年，小镇建立了第一家酒店。1861年，小镇开始建设铁路。当时小镇当地几乎没有旅游配套基础设施，通过铁路的建设、道路的拓宽，以及克拉伦斯和蒙特勒的造船厂的建立，凭借其温和的气候和优越的地理位置，以一大批文化活动，吸引了来自国外的游客，成为远近闻名的夏季保健胜地，旅游业发展至繁荣阶段。后来由于受到第一次世界大战和第二次世界大战的影响，旅游业陷入停滞状态，直到1946年起开始的9月音乐节和1954年起举办的金玫瑰节等新音乐节的推出，蒙特勒才逐渐再次获得国际知名度。

此后，蒙特勒以海滨的气候条件、亚热带的植被和古朴的地方风情、盛大

且特色的节庆活动驱动着当地旅游业的蓬勃快速发展。小镇建于阿尔卑斯山脚之下，沿着日内瓦湖畔不断绵延发展，附近围绕着秀丽的绿湖群峰、错落有致的红顶木制别墅，拥有世界遗产拉沃葡萄园、博物馆“巢”、卓别林世界、食品博物馆、西庸城堡、蒙特勒皇宫酒店、蒙特勒爵士音乐节等多种旅游要素。夏季日内瓦湖是游泳、水上运动和乘船游览的理想之地，冬季滑雪区可以满足众多冬季运动项目爱好者。随着旅游业的发展，小镇的旅游配套服务设施也逐渐完善，大批酒店成立复修重建，家庭旅馆如雨后春笋般出现，交通工具多样便捷。

这个阶段蒙特勒小镇经济以旅游业为重心，以其优美独特的生态环境、古朴有韵味的人文资源和闻名全球的节庆活动，打造了田园风光美景之镇和浪漫的爵士之都，吸引了大批游客。

二、医疗兴镇

随着医疗技术的快速发展，蒙特勒小镇开始兴办医疗康养产业，这一举措进一步带动了当地旅游业的繁荣发展。瑞士拥有全欧洲最出色的医疗系统，蒙特勒小镇会聚了各个医疗领域的顶级专家，采用前沿技术，配备先进软件和硬件，为患者定制个性化治疗方案，形成了大规模的健康医疗产业群。小镇以独家研发的羊胎素为发展契机，发展相关的医疗服务产业，在解决女性衰老问题上卓有成效，使得蒙特勒成为世界知名的美容抗衰老的胜地。这一阶段的发展策略便是依托当地先进的养生资源，运用世界顶尖医学技术，聚焦高端客群，推出医疗养生体验产品，发展高端医疗养生产业，吸引来自世界各地的游客。

三、产业联合

小镇在充分挖掘本地人文山水景观的基础上，以当地引进研发的世界先进医疗康养技术为核心，拓展多样的医疗保健服务，尤其是特色的定制化康养服务，完善相关的医疗养生服务设施，包括私家医院、度假酒店、特色 SPA 温泉会所、各类运动场所、购物中心等，形成集医疗、度假、养生、旅游于一体的全套服务链。目前，蒙特勒的第一、二、三产业与当地旅游业进行产业联合发展，医疗机构的建设和分布与城市自然风光和人文资源交相呼应，把基础的观光旅游与健康疗养旅游相融合，游客在享受医疗康养服务的同时，还可以通过独特的视角和行程安排体验到小镇本身的美好。综上，蒙特勒小镇针对健康疗养需求旺盛的高端服务需求市场，借助城市本体的资源优势和独家的医疗康养技术力量，将旅游业发展成为当地的国民支柱性产业。

第三节　发展机制：核心引爆，热点再造，业态融合①

蒙特勒小镇旅游业属于综合开发型产业，基于自身的自然资源、地域特色和羊胎素抗衰老等先进医疗康养技术发展了众多独特的旅游体验产品，招揽了大批客源。经过百年发展，形成集度假旅游、度假休闲和医疗康养旅游三大业态为一体的综合旅游业态。综合来看，其分期开发的发展机制值得医疗康养产业借鉴学习。

首先，核心引爆，聚人气。蒙特勒深度挖掘当地的自然景观和人文景观，包括湖泊、森林、葡萄园、公园、历史建筑、特色民居等资源，完善旅游基础设施，营造健康的田园生活氛围，打造古朴地方风情，通过蒙特勒爵士音乐节及其他节庆活动吸引流量，发展初期打造简单基础的旅游产品，例如休闲观光、体育运动、研学科考和休闲度假等旅游活动。

其次，热点再造，做产业。蒙特勒小镇拥有独特的资源，游客通过景观游览、节庆参与对小镇有了初印象，但是在众多生态旅游产品的激烈竞争中，小镇并不处于优势地位。如果仅有自然人文景观，那么大部分游客来旅游只是走马观花，小镇留住游客的可能性较小且游客重游率低。因此，基于小镇生态旅游产业发展初期的流量积累，当地政府引进了先进的医疗科学技术，通过推动医疗健康产业的发展，提高小镇的旅游实力。医疗产业发展初期，当地研发团队提取了“羊胎素”，并发现了羊胎素抗衰老疗法，极大提高了小镇的世界知名度，塑造了小镇世界美容胜地的形象，进而打造了美容抗衰、医疗养生的相

① 世界著名滨水小镇案例解析（三）——瑞士蒙特勒小镇［EB/OL］. https://wenku.baidu.com/view/b308f85432b765ce0508763231126edb6f1a7617.html.

关旅游体验产品。

最后，结合地方优势，打造深度体验产品，增加游客黏性。在医疗康养产业发展至成熟阶段时，基于医疗核心资源打造深度定制化的康养体验产品，依托当地地热资源延展多元休闲旅游体验产品种类，带动休闲旅游度假，形成世界著名的医疗康养之都。医疗与独家相结合，既能拉长游客的游览时间，又打响了小镇的名号。

综上，蒙特勒小镇依托优质的自然资源，开拓独特的医疗健康产品和服务，配合完整的业态链，塑造了各种核心品牌和竞争力。其旅游形象成功塑造的关键在于精准的定位和战略策划，在世界范围内，都拥有鲜明的 IP，吸引游客纷纷前往。

第四节　产业特色：顶级医疗技术，特色疗养服务

一、“医”的唯一性①

蒙特勒小镇的定位是医疗康养名城，不仅拥有发达的医疗健康产业，同时其构建的医疗康养产品具有唯一性和优越性，极大提升了蒙特勒小镇在同行业中的核心竞争力。

蒙特勒是羊胎素发源地，草原疗养院独创了“羊胎素疗法”（活体细胞恢复疗法），是世界上唯一一个获得专利的疗养院，静港医疗中心是日内瓦地区唯一获得官方认证的可以进行“羊胚胎全器官精华素”治疗的医院，独家掌握全器官精华素的提取提纯方法。小镇围绕获得的唯一许可的先进医疗技术发展了多个功能业态，例如抗衰老医美服务、高端疗养和度假休闲等。

① 地道农旅 . 看世界级医养融合康养项目，如何人均消费百万？[EB/OL]（2020-04-23）. https://www.sohu.com/a/390516291_120086998?_trans_=000019_wzwza.

二、定制化康养服务

小镇围绕先进的医疗康养技术，普遍发展定制化康养服务，以此打造了定制化康养医美体验产品。产品以当地的私家医院、会所医疗机构和酒店、娱乐设施为载体（见表 5-1），提供定制化服务。定制化的康养服务精准解决了游客的需求，增强了游客的消费黏性。

表 5-1 康养服务载体及示例[①]

服务载体	服务定位	实体举例
私立康养医院	通过效能各异的机构相互协作，持续性提供护理服务	草原疗养院
医疗中心	集聚各类医疗机构和提供设备、药品的医疗公司	静港医疗中心
康养度假酒店	本地酒店联合众多家庭旅馆提供康养休闲服务	半山康养别墅，众多家庭旅馆
康养度假设施	提供疗养保健的特色服务设施	温泉疗养特色 SPA、身体管理保健设施
文体娱乐产品	提供休闲娱乐服务	蒙特勒爵士音乐节、蒙特勒女排精英赛

草原疗养院，创立于 1931 年，至今已有近百年的历史，位于瑞士蒙特勒市区郊外，不仅是当地特色湖泊山川的最佳观景地，而且为客人提供全面的医疗和辅助医疗服务（见图 5-1），是全球闻名的抗老疗养中心。疗养院独创的“羊胎素疗法”曾经风靡一时，并且是目前世界上唯一一家拥有活体细胞恢复疗法专利的疗养院。静港医疗中心，成立于 1983 年，拥有自己的实验室和提取方法，独家研发了全器官精华素的提取精炼方法。

① 廖义桃.深度拆解医美产业，“医、疗、康、养、美、游”一体化发展成为趋势［EB/OL］（2022-07-08）. https://www.cn-healthcare.com/articlewm/20220718/content-1402081.html.

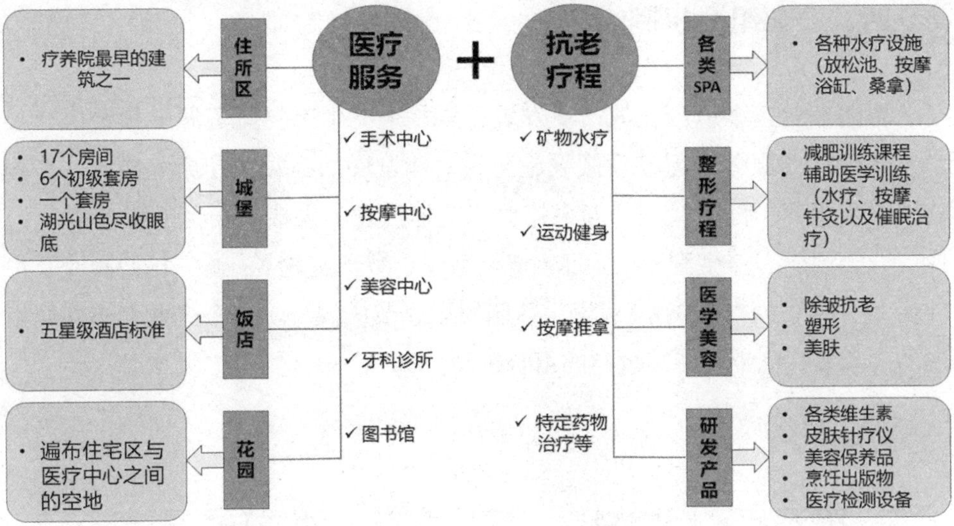

图 5-1　草原疗养院服务体系

值得一提的是蒙特勒小镇的定制化康养体验产品丰富多样，针对性较强，适用群体广，例如短期的健康检查之旅或驻颜保健、疗养之旅，利用生物科技进行基因缺陷检测、慢性病基因治疗，以及温泉疗养等定制服务。

三、高端化客源群体

蒙特勒小镇康养产业的客源定位于俄罗斯、近东、中国及印度等地的高端人群。每年有数以万计的外国人到小镇医疗康养机构接受治疗，人均消费超过百万瑞郎，约合人民币696万元（按2021年9月17日汇率计算）[①]。同时，小镇的生态旅游客源面向世界全体游客，每年举办的蒙特勒爵士音乐节以及蒙特勒女排精英赛吸引大批游客和众多比赛参与者前往。总体来看，蒙特勒小镇旅游产业的客源群体主要包括：休闲度假人群、医疗美容人群和商务旅游人群等。

① 绕梁三日．康养文旅小镇，未来健康生活［EB/OL］（2021-12-01）．https://business.sohu.com/a/504865365_121124745.

四、产业组合机制

总体来看，小镇产业的产业发展模式是融“生态自然资源 + 顶级医疗技术 + 特色疗养服务 + 完善度假设施”为一体发展的高端医疗康养模式，即构建以医疗康养（健康管理、温泉疗养、美容抗衰）为核心，食（特色美食）、住（城堡酒店、养生别墅）、行（黄金列车、观光游轮）、游（旅游观光、户外运动）、购（休闲购物）、娱（休闲娱乐、节庆假日）多个产业业态共同发展的一套有特色、可持续盈利的组合机制。

第五节　经验总结：医疗康养小镇成功的要素

瑞士蒙特勒小镇旅游业属于综合开发产业，其产业发展历程和经验对于国内众多医疗康养城市和度假区而言有非常重要的借鉴意义。通过以上内容发现，蒙特勒小镇拥有顶级医疗康养小镇和世界美容抗衰胜地的美誉，旅游地形象得以成功塑造，很大原因在于其与时俱进，跟随时代发展的步伐，紧抓世界产业发展热点，依托已有山水人文资源，发展医疗康养产业。文章通过对蒙特勒小镇地理位置、旅游资源、发展阶段、发展机制和产业特色具体内容的介绍分析，总结了以下经验，我国已经开展或者将要开展医疗康养产业的城市和度假区应着重注意以下几点。

一、资源分析

医疗康养产业是一项特殊的旅游产业，它的主要目的是为前来旅游的游客提供专业化的医疗诊断、医护疗养、健康检查和康复护理等服务，因而对地区所在地的气候条件和自然资源要求极为严格，地区的环境、生态、空气和水系、森林等方面须比其他地方拥有不可比拟的优势，从而立足于此，通过环境的营造给人以美的享受，构建人与自然和谐的氛围，沉淀世间的喧嚣和繁杂，释放忧愁，平静内心，调节身体的免疫系统，起到养生、保健、治疗的作用。

因此，适宜的气候条件和得天独厚的山海湖泉资源是医疗康养城市建立的必要条件。

二、配套设施

医疗康养活动并非三两天就可以结束，通常需要 7 天以上的时间，这个时间段内游客有足够的停留时间在旅游地进行“吃、住、行、游、购、娱”活动，因此旅游目的地需要设立完备的旅游服务配套设施以支撑游客的旅游活动。例如便捷的交通系统，提高交通可达性；正规完善的酒店、宾馆等住宿设施。

三、产业融合

医疗康养产业是联动一、二、三产业协同融合发展的契机。对于医疗康养城市和度假区而言，多样化的养生产业业态是吸引游客的重要因素。因此需要使当地自然人文资源、养生度假设施和医疗康养产业融合发展，打造“医疗—养生—度假—旅游”全套服务链，既可满足游客群体的需求，又可提高游客黏性，增加重游率，达到可持续发展的目的。

四、目标群体

开发旅游产业首要的是根据旅游地资源确定目标游客群体，进而有针对性地建设旅游服务设施、开发旅游项目以及提前做好宣传营销工作。例如，蒙特勒小镇拥有先进、独家的医疗养生技术，其目标客源群体为全球的高端消费人群，因此应根据目标群体的设定，确立相应的宣传模式，与全球各地知名美容养生机构合作，达到吸引全球客源的目的。

五、活动营销

在进行景区宣传工作时，不仅可以结合自身富有特色的自然、人文资源开展活动营销，同时可以利用节庆活动、体育赛事、音乐演出等吸引参赛者和观光游客。针对不同的客户群体，选择适当的营销方式。

第六章

海南海口——中国康养旅游之城

海口，似乎本来就是发展康养旅游的胜地。推窗见绿、抬头见蓝，大美海口向人们展现着蓝天碧水、悠闲自在的城市画卷。作为世界康养旅游之城的海南海口，近年来依托自身独特的资源优势，积极推进旅游与其他产业的业态融合，达成“康养+中医药”“康养+运动”“康养+农业”等良好局面，实现海口康养旅游的进一步发展。

第一节　城市概况：献给世界的康养胜地

一、地理位置

在我国的海南岛上，有一条河流发源于中部山区的梨母岭，向东北方向依次流经白沙、澄迈、定安、海口等城市，最终在海南岛北部的琼州海峡入海，这就是海南岛最大的河流——南渡江。南渡江的北部区域因地处海南岛入海之处，故得名为“海口”。

海口，别称“椰城”，是海南省的省会城市，位于北纬19°32′~20°05′，东经110°07′~110°42′之间，处在海南岛的北部。海口总面积3126.82平方千米，东临文昌市，南接定安县，西连澄迈县，北临琼州海峡与广东省隔海相望。海口市地理位置优越，是海南省最大的交通枢纽。

二、核心资源

（一）宜居的生态气候

海口地处热带，是一座富有海滨自然旖旎风光的南方城市，年平均气温为22℃~27℃。这座城市所处的位置是低纬度热带北缘，同时北濒南海，因此海洋性气候特征显著，具有温暖多雨、光热充足、温差较小、无霜期长等气候特征。由于海口温暖宜人，长夏无冬，因此享有“四季花园”美誉。

得益于海口得天独厚的生态气候与资源，再加上人类悉心的呵护，海口市空气质量之优良常年位居全国之首。根据生态环境部公布的《2020年全国生态环境质量简况》，海口环境空气质量评分在全国 168 个重点城市中位居榜首，空气中的负氧离子含量是内陆城市的 15.5 倍。作为一座蓝天常相伴、出门可见绿的省会城市，其一流的生态环境已成为海口独特的康养资源优势，“海口蓝、椰城绿”已成为海口一年四季常在的颜色。

（二）宜养的自然资源

除了宜居的生态气候，海口还有丰富的自然资源，火山、湿地、滨海沙滩……丰富的自然资源成为海口一张张亮丽的城市名片。

海口自古有“水城”之称，河流、湖泊、沼泽、水库纵横交错，水域景观资源丰富。海口市北面临海，海域面积 861.44 平方千米，海岸线共 136.33 千米，延绵不断，直通天际，海岸坡度没有剧烈起伏，大部分较为平缓；由于其地处低纬度热带北缘，海水温度较为温和，平均水温为 25℃，靠近沙滩海岸一带，海底以细沙为主，白沙满地，细且绵密，少许的岛礁和潮滩分布在港湾和近海，成为海洋生物和鸟类活跃的天堂。海水碧波荡漾，海风柔和，海浪轻缓，是游泳玩水的极佳场所。独特的水环境造就了假日海滩、西秀海滩、桂林洋海滩等海滨风景区和游乐区。

除此之外，海口还是著名的“国际湿地城市”，拥有滨海湿地、河流湿地、湖泊湿地与人工湿地四种湿地类型。神奇的海上森林造就了独特的海岸类型和胜似江南水乡的海岸美景，被誉为“最美的海南八大海岸线”之一的东寨港红树林是我国建立的第一个以红树林为主的湿地类型自然保护区，连片的红树林壮美如画，犹如一块块镶嵌在湿地中的翡翠。除了东寨港国家级自然保护区，海口市还拥有美舍河国家湿地公园等 3 个国家级湿地与 5 个省级湿地，丰富的湿地资源不仅承担起“空气净化器”的重任，也造就了一幅幅生态美景，助力海口成为适合康养休闲的胜地。

火山也是海口极具特色的自然资源，位于海口市秀英区石山镇的雷琼世界地质公园拥有世界罕见的第四纪火山群，万年火山和热带生态景观相融合的壮丽风景，让我们领略了大自然的鬼斧神工。雷琼世界地质公园在地质学上属于雷琼陆谷火山带，公园内火山密集，种类丰富，历经万年的岁月沧桑依旧清晰可见。一座座古火山宛如镶嵌在琼州大地之上的一颗颗闪亮珍珠，散发着独属于自然的光辉。千年前的火山喷发带来了绿色的奇迹，火山灰中丰富的矿物质成为植物的温床，得天独厚的气候条件，孕育出热带半落叶季雨林、热带常绿季雨林、热带经济作物等多种生态系统。漫步在森林湖畔，园内古树冲天、植被茂盛，阳光穿透层层枝叶打在草地上，光和影的绝妙搭配为我们展示着自然之美。而且，每一片“绿色海洋”都堪称“天然氧吧”。得益于茂密的森林，空气中充盈着高密度的负离子，每一口清新的空气都是大自然的馈赠。

（三）浓厚的人文底蕴

生活在海口是美好的，不仅因为这座滨海城市有优美的自然环境，更因为其有深厚的人文历史底蕴以及处处能够感受到的人间烟火气。海口是一座国家历史文化名城，走在海口的街头，包围着你的是浓烈的历史文化气息。

始建于宋朝的五公祠是海南地区历史最悠久、建筑规模最大、馆藏文物最为丰富的古典寺庙园林景观建筑群，同时也是海南贬谪文化的发源地。相传唐宋时期，唐朝名臣卫国公李德裕，宋朝名臣忠定公李纲、忠简公赵鼎、庄简公李光、忠简公胡铨五位朝廷官员被贬谪到海南岛，他们执政为公，深受海南人民敬重，人们修建祠堂以纪念他们，这便是“五公祠”的由来。五公祠位于海口市琼山区，2001 年经国务院批准列入第五批全国重点文物保护单位。五公祠由主楼以及两侧的苏公祠、学圃堂、湖心岛等亭台楼阁和山水林景组成。园林建筑庄重典雅，园林景观借鉴吸收了岭南园林营建思想、江南和北方园林的造园艺术，同时融入了海南本土黎苗文化特色，打造出园中有园、景随人意的效果，集园林建筑、文化、园艺、雕塑等美学要素于一身，在中国古祠园林艺术文化中占有一席重要的地位。走进五公祠，园内树木蓊郁，流水潺潺，院内的一草一木一楼台，让人仿佛穿越到古代。

一半是烟火，一半是诗意。位于闹市中的骑楼老街，由内而外洋溢着浓郁的南洋风情，古韵悠悠，风情万种，是首批十大中国历史文化名街之一。骑楼老街分布于海口市得胜沙路、中山路、博爱路等老街区，总长约 4400 米，有近 600 栋华丽的骑楼建筑，多数为二至三层的低层建筑。海口的骑楼老街建筑群初步形成于 20 世纪 20 年代至 40 年代，其中最古老的建筑四牌楼建于南宋，距今已有 600 多年历史。走吧！看一看石板路上那些忙碌的、平静的身影；看一看街边古建筑旁那些艳丽的色彩和飞扬的旗帜；看一看古玩店中那些沉淀的故事和悠远的往事；看一看文玩古画中那些闪耀的爱意和清澈的情感。

走累了，尝一尝那些街边、店里诱人的特色小吃，吃一口清补凉，把夏天吃进胃里；吃一口椰子饭，把阳光沙滩吃进胃里；吃一口抱罗粉，把海南大地吃进胃里。

“食疗”是养生的一种重要方式，海口的历史沉淀了独属于海岛的美食文化，海口人民凭借着对食材的独到理解，制作出一道道可口的美食，在可口的同时也会确保营养的合理搭配。在海口的街头巷尾，如果你看见一群人围坐着喝茶聊天，那很有可能是在吃老爸茶。老爸茶是当地的“百姓茶”，约三四个老友，吃一两盏茶，就可以度过一个惬意的午后。海口人习惯将喝茶叫作吃茶，既然是吃茶，那么就一定少不了美食。菠萝包、煎面饼、肉丸、凤爪等各色小吃搭配上红茶、绿茶等，就可以叫上三五好友一起谈天说地。茶，不仅清香，其中还蕴含丰富的多酚类物质，能够降压、提神、强心，让人在享受怡然自得的午后时光的同时，还能够改善自己的身体。

粉可以说是海南最具代表性的美食。在海口，人们用大米、番茨粉制成米粉，加上老抽、蒜泥等调味品，再搭配上煮熟的蔬菜、肉类和海鲜以及腌制入味的酸笋等辅料，淋上一勺辣椒油，搅拌均匀，一份柔润爽滑的海南粉就制作完成了。虽然海南粉被冠以“海南”之名，但论名气，抱罗粉丝毫不亚于海南粉。不同于海南粉的做法，抱罗粉的粉选用优质的大米制成，将煮熟的粉浇上特制的骨汤，再搭配精制牛肉干、瘦肉丝、肠粉和少许酸笋、酸菜、辣椒等就大功告成了。细滑的米粉和各种配料充分吸收了骨汤的鲜香，口感酸甜，略带一丝辣味，一口汤，一口粉，再吃上一口超有嚼头的牛肉干，令人回味无穷。无论是哪种粉，搭配上营养丰富的配料，或加汤或干拌，都叫人食欲大振，而且，在色香味美的同时，还补充了人体所需的各种营养物质与微量元素，让人难忘。

海口热烈绚烂的自然风光还蕴藏在一碗碗清补凉中。取适量绿豆、红豆、莲子、薏仁、百合、西米等放于碗中，再加入用西瓜、菠萝、椰汁等制成的糖水，最后放入白皙软弹的椰肉，一份饱含热带风味的清补凉就展现在眼前。清补凉中加入的食材不尽相同，可以依据个人的口味进行添加，只有你想不到的搭配，没有清补凉放不进的食材。清补凉被誉为“舌尖上的清凉”，具有健脾祛湿、解暑润肺的功效。“椰树之上采琼浆，捧来一碗白玉香”正是苏轼对清补凉的赞誉。

海口浓厚的人文历史底蕴不仅影响着生活在这里的居民，更感染着来到海口旅游的每一位游客，其浓郁的人间烟火气让来到这里的人们放下过往的疲惫，得到身心的放松与慰藉。

第二节　发展现状：构建滨海康养旅游引领地

一、发展理念

海口拥有适宜发展康养产业的良好自然环境和气候条件，有健全的产业设施和丰富的社会文化基础支撑，更有自贸港的政策保障。在此基础上，海口深耕“康养＋旅游”产业，打造多元化康养旅游产品，在培育康养项目的基础上推进业态融合，大力发展康养旅游产业，提质升级康养旅游产品，打出“健康牌”招徕游客，未来海口市将不断优化康养环境与设施条件，开发多种形式的康养产品，打造海南康养旅游产业新的增长极。

二、空间布局：三区共建，多点支撑

目前，海口市康养旅游已形成三区共建、多点支撑的空间布局，三区中的多个景点共同支撑着海口的康养旅游高质量发展。本节通过“十四五”规划中提出的三区共建来介绍海口市的空间格局。在康养旅游方面，西南部生态运动康养区以生态旅游资源为依托，主要发展体育康养旅游；东南部特色乡村度假区致力于打造乡村旅游度假集聚区，发展乡村康养旅游；江东国际智慧旅游先行试验区以数字化为特色，积极培育滨海度假、国际医疗等健康养生旅游业态。

（一）西南部生态运动康养区

海口观澜湖旅游度假区位于一片特殊的、无土的黑色火山石地貌上，拥有世界一流的高尔夫球场和亚洲最大的火山岩矿温泉主题公园以及众多的休闲观光产业。这里是人杰地灵之所在，黑色火山岩广阔无边，健康长寿的元素蕴含

其中，造就了附近许多长寿村的伟大奇迹。观澜湖高尔夫球场坐落在浴火诞生的黑色火山熔岩遗迹上，拥有十个国际级别的高尔夫球场，是世界上最大的公共火山岩石高尔夫球场群，能够满足游客运动、度假、休闲、商务等多种需求，形成了自然健康的运动休闲时尚风格。在火山岩矿温泉主题公园中人们可以享受充满药浴芳香的温泉，体验五大洲不同的温泉风格和理疗传统，这里无疑是人们康养旅游的最佳选择。

雷琼世界地质公园海口园区位于海口市西南石山镇，主要景区为湛江湖光岩、雷州龙门瀑布、海口火山群、龙门岩洞穴群。公园内古木参天，藤蔓缠绕，郁郁葱葱，还有一个被称为“天然氧吧”的高密度的空气负离子区。负氧离子在人体运动过程中可起到消除疲劳、提神醒脑的作用，还能够稳定情绪，起到促进睡眠的作用。人在其中或漫步或跑步，倍感神清气爽。这里远离闹区，拥有不食人间烟火的宁静。

南渡江生态公园是位于滨江路的带状综合性城市级休闲公园，其所在的滨江路被称为海口最美的景观大道。南渡江生态公园是一座以滨江路带状景观带为依托临江而建的生态公园，通过生态修复来扩展绿地，以“绿色”和“水”为主题，是一座集城市生活、文化、生态于一体的热带滨江休闲场所。园林部门将南渡江生态公园打造成为一个集娱乐休闲、体育健身以及现代化服务于一体的公共生态走廊，南渡江生态公园以绿色纽带的形式，连接城市绿色地块，成为辽阔大气、便民利民的城市绿地。城市中散布的数百个绿色小游园化为市民家门口的休闲氧吧，人们既可以在园中健身，也可以在江边感受晚风，观赏沿江的风景。

海南热带野生动植物园位于海南岛北部，与普通动物园不同，这里分为步行游览区和车行游览区。车行游览区的动物脱离了高墙和铁笼的束缚，活跃在自然的怀抱中，游客们驱车在野兽区域里自由穿梭，尽情享受着“人在笼内兽在笼外”的奇妙感受。在步行游览区中游玩可近距离观察动物们的千姿百态，它们或跳或跑，或飞或游，穿梭在森林、天空和水塘，向人们展示着它们旺盛且富有魅力的生机，使得整个步行旅程趣味盎然。此外，岛屿热带雨林生态系统在这里充分展现着，海南岛动植物精华在这里浓缩着，这里是一家天然博物馆。步入园区，犹如步入自然“大氧吧”，可尽情享受天然“森林浴”，让人赏心悦目，流连忘返。

（二）东南部特色乡村度假区

红旗镇位于海口市琼山区，是具有“23 年红旗不倒”光荣历史的革命老区镇。这里有整洁的农舍、优美的自然环境，热情好客的村民，置身其中，能够感受到淳朴的民风，文明的乡风，使人暂时忘却烦恼和忧愁。放眼村内，绿树葱茏，清静幽雅。其中泮边村以创建文明生态村为依托，引入“公司＋农户”的经营模式，打造了一座集观光、休闲、餐饮、住宿、会务等为一体的乡村旅游度假中心——泮边休闲农庄。在这里，人们可以在湖边草地肆意奔跑，回忆童年时“疾走追蝴蝶”的快乐；可以在泛舟湖面的小艇上放一根鱼竿，体验“披得一蓑归”的爽快；可以在古朴农家屋品尝农家饭菜，感受“腊酒浑，足鸡豚”的热情。红旗镇生态优美，古朴宁静，文化氛围浓郁，适合修身养性，是康养旅游的好去处。

（三）江东国际智慧旅游先行试验区

桂林洋国家热带农业公园在乡村休闲和农业观光模式基础上，形成了一种农业旅游的优化模式，与一般概念的城市公园和农家乐不同的是，这种模式将农业体验化、农业景观化、农业主题化以及农业科技化四种形态融为一体。在这里，人们可以采摘挑选各异的花卉，品尝绿色健康的水果蔬菜，还可以观察热带农业的高科技种植方式，充分感受这座高科技、高观赏性的现代田园综合体。其中的农业梦工厂是亚洲一次性建成的农业生产示范综合体，其规模之大、配套之全、智能化程度之高，为其他同类工厂所难以企及，这里提供代耕代管以及生产、加工、配送等一系列服务；共享农庄依靠海南独特的热带农业资源，通过“互联网＋农业”技术，将农业从“谋生”形态改变为“养生”形态，成功实现足不出户就可以实时了解作物的管理情况。除此之外，人们还能站在全自动采摘平台车上，操控小车在作物间穿梭，体验利用“黑科技”采摘的乐趣。各种高科技农业设备种植出的水果蔬菜不使用农药、不使用化肥、不添加激素，人们可以在这里认种菜园，不仅可以吃到绿色、安全的蔬菜，还能体验田园农耕生活。

东寨港红树林自然保护区位于琼山区东北部的东寨港，被誉为海口之肺，干净的海域和繁茂的红树，供给着高浓度的负氧离子，负氧离子能够强化人体免疫力、预防多种疾病。乘着游船深入东寨港红树林自然保护区，人们可以观赏林中的鸟儿，欣赏红树林奇特的景观，感受人与自然和谐相处的乐趣。此外，东寨港红树林自然保护区将开展休闲渔业基础设施建设行动，包括建设一批休闲渔业码头，打造一批渔港经济区。同时，鼓励休闲垂钓、共享渔庄、增殖放流体验、渔家民宿等多种类型多元化发展，其中共享渔庄等业态为全国首次提出，并被纳入共享农庄政策支持范围。

三、产业特色：业态融合

（一）康养旅游与现代医学及中医药

随着时代的进步，海口的康养旅游规划与现代医学及中医药的融合不断深入，并且未来将出现更具创新的局面。2004 年，“海口药谷核心区”项目正式投入建设，药谷核心区的建设主要依托海口得天独厚的自然资源——充足的生物资源和绝佳的生态环境。该优势使得海口药谷周围集聚了大批的知名药企，并且在短短数年时间内，形成了以海口药谷为核心区的海南医药产业。许多国内知名医疗机构及院校在该地联合。海口积极引进上海优质医疗资源，提高该地的医疗卫生服务水平，促进该地现代医学的发展；与此同时，一批具有国内先进水平的大健康领域企业看到了海口强有力的竞争优势，都争相进驻海口，为海口的现代医学领域注入新鲜的血液。以药谷核心区以及现代医学为依托，康养旅游与医学健康融合的可能性进一步增大，海口市融合发展“康养 + 旅游”产业，加大力度培育与健康方向相关的文化和旅游产品，并且采取多措并举的政策，为康养旅游的发展打下坚实基础。

在中医药方面，海口市利用综合资源优势，积极推动中医康养旅游的发展。以弘扬中医药文化、建设康养旅游示范基地为重点，积极推进医、养相结合，不断擦亮中医药健康旅游名片。海口采用“旅游 + 中医康养”的创新模式，不断吸引社会资本投资兴办中医医疗预防保健机构，建成一批集中医医疗服务、养生保健、药膳食疗、中医药文化观光于一体的中医药特色度假区，充分调动市场资源激活内生动力。未来，海口将继续面向健康人群、亚健康人群、患病人群等多种人群，为游客提供一体化、全方位服务，实现娱乐与健康的双赢局面。

（二）康养旅游与体育产业

在疫情影响的大环境下，人们对身体健康的关注度明显提高，不少人在旅游时会同时考虑当地的旅游景点和体育项目[①]，为满足游客需求，海口大力推进康养旅游与体育产业融合，从“吃、住、行”到“游、购、娱”，再到“运、健、学”，不断尝试在旅游中加入体育的元素，让游客在尽情游玩的同时，也体验酣畅的体育运动，从而强身健体，放松身心，起到一举两得、一箭双雕的作用。

为响应政策，海口打造了一批体育运动康复训练、康疗养生基地，使海口动静两相宜，成为康养休闲的好选择，其中比较具有代表性的是海口观澜湖体育健康特色小镇。小镇的核心项目有高尔夫、足球、篮球。小镇内的高尔夫球场坐落于海南岛的万年火山岩地貌之上，游客在体验高尔夫运动的同时也能欣赏独具特色的球场美景。小镇拥有相当完善的设施，是中国足球（男方）训练基地、巴塞罗那足球学校及巴塞罗那足球博物馆的所在地，这些场所可供游客尽情体验足球带来的快乐。小镇还建有以海口观澜湖 NBA 训练中心、NBA 博物馆及体验中心为主的篮球运动场所，可供游客参观游玩。除此之外，乒乓球、羽毛球、网球、游泳等数十项适合全民参与的运动项目也聚集于此。小镇充分体现了“康养旅游 + 体育运动”的良好配合，进一步推进了小镇旅游业的发展。

除此之外，海口政府大力发展文体基础设施项目建设，通过打造品牌赛事，深度挖掘旅游消费潜力。在西海岸假日海滩积极组织开展了海南亲水运动季，举办了海口国际马拉松、环岛自行车赛等系列赛事，吸引了众多参赛选手，打造了一系列深受市民、游客喜爱的运动康养产品，其举办的“最美海岸线”徒步大会已经成为海口一大特色，每年都有许多旅客慕名而来。海上运动惊险刺激，海滩风景优美如画，动与静的结合成就了独具特色的海口旅游，打造了具有海口特色的全民健身活动。

（三）康养旅游与农业

随着大城市生活与工作节奏的逐渐加快，人们对于农业、乡村休闲养生旅

---

① 海口：中国康养旅游之城［N］. 中国旅游报，2021-09-27（003）.

游的需求也在不断增长。为响应国家号召，海口市抓住生态旅游和乡村建设的有利契机，以共享农庄和田园综合体建设为抓手，开发集观光、民宿、采摘、体验于一体的田园康养小镇。与此同时，海口持续性补齐乡村旅游基础设施和公共服务的短板，推动多种新型农业经营主体参与特色农旅融合发展，促进乡村康养全面健康发展，并且将康养旅游与农业结合，致力于打造农业养生，发展一批农业康养度假、乡村医养项目，带动农业生态价值转化，实现游客“养心、养身、养眼”三“养”的理想局面，进一步推进康养旅游与农业的共同发展。

海南还推出了海南休闲农业十大精品线路，首先推出的就是海口火山风情休闲游。其中，路线中所涉及的开心农场不仅具有五星级酒店标准的客房住宿，还设有多功能接待吧、田园下午茶、酿酒坊等。除了观赏游玩项目之外，开心农场建设了很多体验式设施，如农家有机菜地、菜地采摘、手工酿酒等。作为羊山荔枝种植系统项目核心地之一的美社村同样极具观赏价值，利用火山石修建房屋，农田、火山石、荔枝林浑然一体，独具特色，构成遗产地丰富多彩的自然与人文景观。美社村还计划开展一些如学生研学、果树认领等休闲观光体验项目，不断提高休闲旅游经济收入，促进全域旅游与农业的融合发展。

四、产品理念：特色、创新、高质量

海口市政府提出“集成创新，优质发展”的发展原则，在此发展原则指导下，海口市各界坚持以“特色、创新、高质量”作为自己的产品开发理念。下面介绍海口市温泉康养旅游产品，它们充分体现了海口市的产品理念。

温泉是大地无私馈赠给人类的稀缺资源，它的热量可以刺激人的肌肉和关节放松，并且能够促进血液循环，从而达到消除疲劳以及加速体内排毒的功效。随着健康养生受到的关注度逐渐变高，温泉旅游受游客喜爱度也相应提高。海口市温泉资源数量众多，种类齐全。优美的生态环境、得天独厚的气候条件、北面环海的区位优势，造就了海口独特的温泉旅游资源，温泉资源成为海口发展康养产业的优势之一。

海口市根据当地的特点，因地制宜打造出具有海口当地特色的“火山温泉”康养旅游产品。火山温泉（Volcanic hot spring）是由火山作用产生的温泉，火山温泉的温度较高、含矿物质较为丰富，海口标志性的“火山温泉游”以温泉文化为主题，结合各类创新体验活动，全面满足游客休闲娱乐、疗养度假的需求，打造高质量温泉康养产品，已成为当地康养旅游的名片。例如，被吉尼斯世界纪录认证为世界第一大温泉度假区的海口观澜湖火山温泉谷，是海口康养旅游的热门打卡点之一。海口观澜湖矿温泉取自地下800米深的温泉水，水中富含高浓度的氟成分和偏硅酸成分以及丰富的矿物质和微量元素，被誉为“矿温泉中的珍品”；温泉主题公园中一条长达500米的全竹结构的“龙脊长廊”连通着各个风格不同、功能各异的主题区，源自全球六大洲的不同温泉文化和理疗传统在这里得到延续和升华，使人们在放松身心的同时，还可品味不同区域的特色温泉文化和风土民俗；除此之外，2021年在海口观澜湖举办的第二届海南温泉文化旅游节暨全民健康季，创新开发各种火山温泉旅游产品，探索文化与旅游深度融合，激发旅游消费新活力，该活动内容分为六大板块，各板块活动通过“线上+线下”齐发力，为年轻游客提供更加时尚新潮的体验。游客从最初的单纯泡温泉，转变为当下“泡温泉+住酒店+享餐饮购物娱乐”的一站式、深度化、高质量体验。

第三节　经验总结

一、完善政府管理机制

在现代经济体系下，市场经济占有重要地位，但政府的作用始终没有减弱。旅游行业错综复杂，涉及社会生活中的多个方面，这些方面都涉及旅游发展中的政府作用问题，因此旅游业的有序发展，离不开当地政府的干预[①]。

在海口市全域旅游发展的过程中，政府对海口旅游业的发展起着积极作用。一是政府积极出台发展规划，2021年海口市政府出台了《海口市旅游业“十四五”发展规划》，指导海口市旅游发展，其中包括对康养旅游的未来发展

① 张赜．登封市全域旅游发展中的政府作用研究［D］．昆明：云南财经大学，2022.

规划。除此之外，海南省统一制订了《海南省康养产业发展规划（2019—2025年）》指导康养旅游产业发展。二是海口市积极完善相关配套设施，“十三五”期间，海口市初步形成了“快进”“慢游”旅游交通网络，实现了所有景区景点间的互联互通，旅游交通体系方便快捷，为外地游客来海口提供了交通保障。除此之外，海口市积极进行信息基础设施建设，“5+N”智慧城市治理机制基本建立。三是完善监督机制与治理机制。海口市推动市区两级实施“1+3+N”综合治理机制，促进旅游警察、旅游巡回法庭等机构的设立，并充分借助12345、12301指挥平台和市旅游综治办平台，持续开展综合整治行动。四是积极招商引资，加快形成旅游产业“抓龙头—铸链条—强集聚”招商及发展模式。2020年以来，成功地引进了泰国奇积旅游贸易有限公司，至此海口成立了第一家外商投资旅行社，同时各地区在不同程度上均与旅游公司进行合作。

二、推进业态融合，培育新业态

旅游产业是满足人们对美好生活追求的综合性服务产业，以构建新发展格局为指向的旅游产业高质量发展应当持续促进旅游业与其他产业之间的进一步融合与协作，促进旅游产业的转型升级并且达到“提质增效”的效果。同时，旅游产业呈现出的较强的无边界性与融合潜力为旅游产业与其他产业融合提供条件[①]，因此我们要进一步推进旅游产业的业态融合进程，培育旅游新业态。

《海南自由贸易港建设总体方案》提出，要推动旅游与文化体育、健康医疗、养老养生等深度融合，鼓励创建有关文化旅游的产业园，发展独具特色的旅游产业集群，培育旅游发展的新业态。目前，海口在食、住、行、游、购、娱六个方面发力，着力培育出一批新业态，以一站式的服务满足游客多样化的旅游需求。

在康养旅游产业方面，海口市进一步推进康养旅游与其他产业的融合，并且更加注重构建全面的机制。一方面，海口扩大有关旅游要素的外延，推进新要素与原有要素进行跨界融合；另一方面，海口进一步外扩旅游产业边界，将有可能为旅游做出贡献的资源，均作为旅游资源进行优化配置和相互融合。

---

① 杜书云，牛文涛．“双循环”格局下旅游新业态的培育逻辑［J］．贵州社会科学，2022，(03)：118-124.

日前，海口深耕“康旅 +”业态，积极培育一批“康养 + 体育”“康养 + 现代医学”“康养 + 农业”等新业态，积极构建滨海康养旅游引领地，打出“健康牌”，康养之城声名远播。

三、健全产品体系

旅游产品体系是指旅游产品各种表现形式的集合，其中包括单项旅游产品、旅游线路产品和区域旅游产品[①]。康养旅游产品体系是以“康养”为核心的旅游产品体系，这些产品的表现形式相互关联，是呈现给旅游者的核心价值所在。

在中国，海口是唯一处在热带的省会城市，它始终将“特色、创新、高质量”作为自己的产品开发理念，朝着“全球康养旅游之都”目标，进一步丰富康养旅游产品体系。

在单项康养旅游产品方面，海口依托当地独特且极具优势的自然资源，在温泉康养旅游、运动康养旅游、中医康养旅游等方面发力，推出一系列海口特色的新型旅游产品。在康养旅游线路产品方面，海口市的“旅游康养”“健康生活周末游”等有关健康的旅游产品线路让人目不暇接。在区域旅游产品方面，海口市强化顶层设计，依托海口市旅游资源分布，构建有关商务会展的休闲旅游城和有关都市旅游的综合服务城，进一步发展滨海风情休闲带与生态运动休闲带等，根据区域定位发展康养旅游产品。目前海口康养产品体系逐步形成，吸引着四海宾客前来感受康养之旅。

四、完善营销机制

随着旅游的发展，各旅游景点之间的竞争也在不断加剧。由于旅游消费行为异地性、旅游产品综合性以及旅游投资刚性等特征，旅游目的地需要进行营销以更好地吸引游客前往[②]，目的地旅游业的快速发展离不开旅游目的地的营销。

---

① 王琳 . 旅游产品体系研究［J］. 经济研究导刊，2009（19）：138-139.

② 杨昆，陈刚，赵毅 . 旅游目的地营销模式研究［J］. 经济研究导刊，2018（21）：61-64.

政府在旅游目的地营销中负有主要责任，这与旅游目的地营销的信息不对称、外部性等现实情况脱不开关系[①]。海口市政府大力进行康养旅游营销推广，完善营销机制，建设海南对外形象窗口。一是高效推进城市品牌建设，海口市被世界卫生组织选定为中国第一个“世界健康城市”试点。海口还拥有非常多的荣誉称号，例如“国际湿地城市”“国家园林城市”等。除此之外，在2021年发布的“中国康养旅游城市百强榜单”中，海南省海口市位居第一，这些称号进一步强化了海口适合康养休闲的城市形象。二是推进形象建设，海口提出“时尚之都·阳光海口”宣传口号，统一海口市目的地形象。三是积极对外宣传，拓展境外客源市场。“十三五”期间，开展俄罗斯、法国、德国、西班牙、菲律宾以及港澳等境外客源市场专场推介，与航空公司合作，积极在国际航线目的地开展有关海口的专场营销活动；将国际旅游营销的专业性大会引进海口，举办了中国（海口）入境旅游发展大会；同时在部分境外社交媒体上开通海口的旅游平台，为发布有关海口旅游资讯提供了更好的平台，进一步扩大海口的旅游“世界能见度”和国际知名度。

同时，海口市相关的旅游企业和旅游景点也在积极丰富和宣传康养旅游产品。2021年12月，海南国际旅游岛欢乐节在海口盛大开幕。活动前夕，携程已通过线下快闪活动为欢乐节预热造势，撬动了全国游客市场对海南旅游的关注。同时携程策划的官方直播活动更是吸引了众多用户前来种草、消费，在为游客展示海南主题旅游线路产品的同时，直播互动有效推动了活动期间相关产品的销售额提升。

---

① 刘德光，邓颖颖.旅游目的地营销中政府行为分析［J］.贵州社会科学，2013（09）：35-39.

第七章

日本箱根——安乐好客的温泉之乡

日本箱根以得天独厚的温泉优势，自江户时代就是著名的温泉疗养胜地。箱根火山和富士山组成的富士箱根伊豆国立公园是最具代表性的国立公园，国内外游客络绎不绝。优美的自然环境，毗邻东京都市圈的地理位置，浓厚的温泉文化，人与自然友好型旅游城市的形象，共同构筑了一个安乐好客的温泉之乡。

第一节　城市概况：东京后花园

一、地理环境

箱根町位于神奈川县的西南部，距离东京约 80 千米，北与南足柄市、东与小田原市、南与汤河原町相接，西侧与静冈县 3 市 2 町相接。箱根古代为交通要塞，现处东海新干线西侧，从东京乘火车一个半小时可到达，交通优势明显。

箱根町域的大部分由高原和山区组成，地形上与相邻市町隔开。整个城镇由箱根火山变化而成，地形为复杂的山地面貌，其中森林面积占比约 46.6%，区域内拥有丰富的河流、湖泊、草原和山脉，占据总面积的 92%。箱根町以其优美的自然环境和距东京近的区位优势，成为距离东京最近的温泉旅游度假地，有“东京后花园”的美誉。

二、历史

箱根自镰仓时代开始就为交通要塞，最先修建的公路是镰仓时代的从汤本通往三岛的汤坂道；江户时代初期修建了从汤本通往箱根的东海道，于是德川幕府将箱根视为自然要塞，在东海道沿线的芦之湖畔设置关口，以关口为中心的宿场町发展起来；到了江户时代后期，箱根以被称为箱根七汤的温泉为中心，作为温泉疗养场而闻名于日本。明治时代废除关口，主干道开通，交通便利后，箱根町作为避暑胜地很有名气。大正时代箱根登山铁路从汤本开通到强罗。在昭和时代，1950 年小田急线的开通使箱根町与东京都中心部相连，从而带动了日本经济的高速发展，推进了快速的旅游开发。

1936 年，现在的箱根町几乎全部被指定为“富士箱根国立公园”，1955 年追加了伊豆半岛地区，1964 年追加伊豆诸岛地区，成为拥有 80 余年悠久历史的“富士箱根伊豆国立公园”。该国立公园游客人数高居日本全国之冠，是日本最具代表性的国立公园。

三、旅游资源

（一）自然资源

箱根火山属于富士火山带，是伊豆半岛底部喷发的火山口，包括神山和驹形岳在内的晚期中央锥体形状美丽，在山顶上，可以看到富士山和芦之湖。

芦之湖（芦ノ湖）是箱根旅游的核心地区，位于箱根町西方，驹形岳的南边山脚，是一个淡水湖。它是在 3000 多年前因火山活动而形成的火山湖。经湖水冲刷的河谷，是箱根最迷人的旅游据点。芦之湖背倚着富士山，湖山相映，不同的季节有不同的景致和情趣。环湖步道遍植青松翠杉，景致十分怡人，湖中有很多黑鲈鱼和鳟鱼，许多日本人经常在此泛舟垂钓和游泳。

大涌谷（おおわくだに）是约 3000 年前箱根火山活动结束时神山山北侧的一次爆炸形成的山谷，大涌谷地上的泉水大部分是有毒的，1876 年明治天皇去那里参观将其改名为大涌谷。在绿树环抱的箱根中，唯独此处山岩裸露，岩缝间喷出的地热蒸气雾气腾腾，从地壳张开的裂缝内喷出人量的硫黄蒸气，将泉水烧得滚烫。在此可眺望富士山和箱根群山的美丽景色。

仙石原湿地本是箱根火山的火山口原湖（在火山口里蓄水而成的湖）遗迹，是湿原植物的群落。仙石原湿原植物群落位于富士箱根伊豆国立公园内，1934 年其学术价值受到认同，被指定为国家的天然纪念物。这里全年气温偏低，加上湿度高，可以看到如箱根芦苇、玉簪属、稚儿竹等多种湿原植物。特别是在 7 月中旬开花的玉蝉花很受欢迎。另外在隔壁的箱根湿生花园，可以看到日本全国各地的湿生植物。9 月至 10 月的初秋，这里一片金黄的蒲苇，构成了箱根秋季的代表景观。

（二）人文资源

箱根作为江户时代关卡重镇，拥有众多历史文化古迹，人文景观资源丰富。主要包括江户时代幕府设置的箱根关所、早云寺、箱根雕刻森林美术馆、大涌谷自然科学馆，以及有“箱根八里”之称的古道等一批人文景观①。

箱根雕刻之森美术馆是一家坐落在箱根町内的户外美术馆，1969 年开馆，是日本户外美术馆的先驱。它占地面积 70 000 平方米，拥有五个常设展厅、两家餐馆、两个咖啡厅以及包括儿童游乐场、天然温泉足浴、商店等在内的各种设施。箱根雕刻之森美术馆最为引人注目的当数成立于 1984 年的毕加索展馆。它是日本第一家毕加索展馆，内部共收藏着包括陶器、油画、绘画、雕塑、金器、银盘、彩色玻璃艺术品以及壁毯等在内的 300 件毕加索作品，其中大部分陶器均从毕加索长女马雅 · 毕加索手中购得。除了毕加索的作品外，该展馆内还收藏了毕加索 17 年艺术生涯中的真实照片，是了解毕加索及其作品的宝贵历史资料。

早云寺始建于 1521 年，原为日本战国时代武将北条氏纲为纪念其父——日本历史上的第一位战国大名，小田原领主北条早云——而建。早云寺曾是小田原附近的第一大寺，后因丰成秀吉征伐小田原而被大面积焚毁。早云寺在江户时期的 1649 年重修，今天是一座颇具历史价值的临济宗大德寺派寺院。

（三）温泉资源

箱根温泉是神奈川县最大的温泉胜地，也是日本领先的温泉胜地之一。据日本环境省 2011 年统计，箱根温泉的温泉源数和总排放量均排名第 7 位，温泉数量（42℃以上）排名第 5 位。每年过夜的客人人数约为 430 万人次，为日本最高，住宿设施数量和入住人数也是日本全国最多的。截至 2016 年 3 月末，箱根温泉拥有 345 个温泉源，排放量约为 19 500 L/min，占县内所有温泉的近 60%②。

箱根内 7 处温泉（汤本、堂泽、堂岛、宫下、索仓、木贺、芦之汤）建于

---

① 王仕刚 . 岳西县温泉特色小镇建设策略研究［D］. 合肥：安徽建筑大学，2017.

② 神奈川县温泉地学研究所 . 温泉分析依赖［EB/OL］.［2022-10-10］. https://www.onken.odawara.kanagawa.jp/.

17世纪80年代，现有17处（大平台、二之平、小涌谷、强罗、宫城野、仙石原、宇波子、汤之花泽、高古川、芦之湖）都是著名的温泉疗养胜地。箱根泉质有单纯的碱性温泉、盐泉（氯化钠泉）、石膏泉（硫酸钙泉）等20种左右，堪比拥有地下一层的四层百货公司。地上从高到低依次为4层“酸性硫酸盐泉”、3层“碳酸氢盐泉”、2层“氯化物泉”、1层及地下室“氯化物硫酸盐泉”和混合型泉。

第二节 被人与自然的温柔所拥抱的发展理念

一、城市发展理念演变

1996年箱根提出建设良好的生活环境、进一步保护自然环境、充实完善度假村环境的城市建设的基本理念，打造“舒适城市”箱根。

2007年箱根进一步提出，营造舒适有活力的生活环境，建设有魅力的观光城市，建设美丽的街道，建设安全放心的城市，加强广域合作，建设居民参与的城市，将箱根建成“人·心·自然，创造温柔与邂逅的城市”。

目前箱根提出了5个方面的基本发展方向，力争配上“安乐好客的城市——箱根”的城市形象，建成“被人与自然的温柔拥抱、住得满、来得满、充满活力的城市”。

二、城市发展方向

（一）建设安全、生活环境更好的城市

2015年箱根町的大涌谷火山活动，对町民的生活和游客的观光都产生了巨大的影响，外加箱根町被指定为“海沟地震防灾对策推进区域”“首都正下方地震紧急对策区域”。由此，有必要在当地特有的火山活动和大规模地震等自然灾害中保护镇民和游客的生命，确保安全的生活和游玩环境，努力提高防灾能力和减灾能力。为了保护人们的生命免受大规模地震导致的房屋倒塌、火

山喷发、火灾以及突发性局部集中暴雨导致的洪水和泥石流等自然灾害的影响，箱根已经完备各种灾害预警，且在土地利用和城市基础设施建设中构筑了抗灾能力强的空间设施以承载发生灾害时避难的人群。

箱根的人口普查显示，从1965年开始人口逐渐减少，到2020年人口共11 293人，预计到2045年将达到7679人，其中2020年老年人口为3962人，老龄人口比为35.08%，进入超老龄社会。在人口不断减少的情况下，为应对少子和高龄化的趋势，箱根创造容易养育孩子的环境，并且确保优越的自然环境和和谐的生活空间，使镇民可以安心舒适地生活和居住。

（二）建设人与自然友好型旅游城市

箱根全境被纳入富士箱根伊豆国立公园，箱根火山带来了优美的自然景观和丰富的自然资源，这些资源持续吸引着国内外游客，是支撑箱根旅游发展的最宝贵资产，且围绕芦之湖的连绵山峦和众多的动植物是箱根的立足之本，对这些资源环境的保护是该地的首要任务。箱根在国立公园境内以《自然公园法》等法律法规为基础采取保护措施，在维护自然环境的同时，确保各类生态系统不被破坏，进行有序的土地利用，谋求与自然共生，在发展时确保考虑自然环境的状态。

温泉是支撑箱根观光的重要天然资源，所以在挖掘和开发温泉资源时，箱根一边谋求整体开发，一边进行保护性开发，追求在审慎的原则下对温泉资源合理利用。另外地下水的开采也会影响水资源和温泉资源，因此箱根一直对包括温泉在内的资源使用状况保持持续的关注和调查，并研究可持续保护的对策。

在谋求进一步有效利用每一个旅游资源的同时，特别是在设置增加让外国游客可以安心独自行走的招牌和标识的同时，箱根还考虑到通用设计的旅游设施，提高其作为国际观光地的魅力。另外，箱根通过完善医疗体制，加大政府对老年人的关怀力度，努力完善公共设施和人行道等通用设施等方法，构建善待老年人的城市。

（三）建设拥有美丽景观的城市

箱根有由山峦、湖泊、河流等组成的优秀自然景观和历史悠久的温泉场、疗养院等独特的景观，箱根注重保留这些自然历史景观，培育自己独特的文化，努力创造适合“国际观光地——箱根”形象的景观。

在公共设施的建设方面，形成与街道景观和历史资源相协调的景观，在充分考虑与景观协调的同时，积极支持镇民自主建设景观，将景观创造成“小镇居民可以充满留恋和自豪地持续居住的环境”“游客想再次访问的环境”。政府指定的景观示范地区和镇民创立的景观城市建设团体二者相辅相成，政府与镇民相互合作，结合双方智慧，最终根据地区特性推进措施。

公园绿地、公共下水道、河流、环境卫生设施和其他城镇公共设施等城市基础设施，不仅能够保持本城镇良好居住环境，也在支撑城市发展方面起到重要作用。在谋求应对人口减少和少子、高龄化等的设施建设的同时，箱根基于合理的维持管理及长远的考虑，通过“选择和集中”谋求合理配置。

（四）建设合作的城市

城市建设将通过以城镇为主体的政策和以小镇居民为主体的政策两方面发挥协同效应，进一步推进城市形象的实现。特别是为了实现分区发展的构想，从计划制订阶段开始就建立小镇居民参与计划、明确小镇居民和小镇的作用等协同发展的体制，通过居民民主体制建设城市。致力于制定各个地区的基本条例，并且灵活运用城市规划、提案制度、地区规划、景观协定等提升生活环境建设的各种法律制度，创造一个能让居民积极实践城市建设活动的环境，并使这种氛围渗透到整个城市内部。

（五）建成加强广域合作建设的城市

富士箱根伊豆国立公园由富士山、箱根、伊豆半岛和伊豆诸岛四部分组成，需要公园内的静冈县、山梨县、东京都、神奈川县相互合作。国立公园根据各地区特色，因地制宜，分为富士山地域、箱根地域、伊豆半岛地域以及伊豆诸岛地域。

富士山地域主打旅游产品类型以登山、徒步、观光、滑雪、舟游等为主；箱根地域的温泉总数及总涌出量和温泉使用者数在日本排名第一，泡温泉是箱根地域的主打旅游产品；伊豆半岛地域沿海岸线延伸，被称为“道路公园”，两侧风景优美，主打旅游产品为滨海自驾观光；伊豆诸岛地域由 7 个火山岛组成，主打海水浴、潜水、冲浪、海豚观赏等海洋休闲活动产品[①]。因此箱根在保持自身特色的基础上积极寻求与其他地域的合作，以发挥规模效应，最大程度上与其他地域共建富士箱根伊豆国立公园旅游品牌。如日本最受关注的田径比赛——箱根驿传（箱根駅伝）的成功与箱根和其他县市通力合作分不开。

第三节　城镇全体共同的发展机制

一、城镇民主体制

随着日本中央权力下放的推进，日本地方政府需要自我决定和承担责任。为了在有限的财力下创造一个更好的城镇，箱根选择与市民一起思考和行动，共同创造城镇。2009 年 4 月 1 日，作为箱根町地方政府管理基本规则的《箱根町基本自治条例》开始实施。在该条例中，自治的基本原则是“城镇建设与城镇居民合作”，并规定了公众意见听证制度（公众评议程序）等，规定了积极的信息共享和城镇居民参与城镇建设等程序设置。

公众意见听证制度（公众评议程序）是在制订重要规划时，将规划提前公示，广泛征求市民意见，以意见作为制订规划的参考。镇上成立了各种委员会，以反映城镇发展中许多人的意见。箱根设有理事会，理事会有“公开会议”和“公开招募委员会成员”的制度。

二、城镇民主体制建设三阶段

（一）共享想法的阶段

政府积极提供城市建设的有效信息，创立和扩充城市建设支持制度，扩大各种居民参与途径，以各种有效途径宣传政府政策计划等，实现内部信息意识共享。箱根积极通过网站、通知等方式进行信息传播，并且通过城市发展圆桌

① 彭建，桂美华. 日本国立公园可持续旅游发展的经验与启示研究：以富士箱根伊豆国立公园为例［J］. 北京林业大学学报（社会科学版），2020，19（03）：17-24.

会议报告行政项目的实施进度和结果，与公众进行意见交流。在资金支持等方面以派遣顾问、补贴景观设计等方式为城镇居民和其他人的城市发展活动提供技术和资金帮助。此外，箱根政府积极创造城市发展学习机会，实现内部信息共享和人才资源培养和发展。

箱根居民积极参加各种城市建设活动，市民、组织、企业等切身感受到城市的建设，投身于城市发展建设中。首先引导市民了解城市发展的意义和必要性，使之积极参与志愿活动和社区活动，并以公众意见或者其他形式投入城市的建设，倡导市民创建一个城镇居民之间相互交流意见的论坛。

（二）积极实践的阶段

箱根政府创建了一个让城镇居民在城市发展中占据主动的机制，并随着城市建设的发展，由政府牵头对制度进行扩充完善。箱根政府建立地区和区域城市发展的建议系统，并在此基础上与大学、非营利组织等进行合作，创建专家系统，支持城市发展。居民以各种各样的身份，亲身参与建设城市的活动，通过区域发展委员会等组织机制，积极促进城市发展。以基层组织为平台准备和起草区域内的城市发展计划，振兴地方社区，制订城市发展规则。

（三）地区自治的阶段

箱根政府围绕实现以镇民为主体的城市建设制定政策，扩大区域内的城市发展，通过区域自治用新的方法促进城市发展。居民作为城市建设的担当者，自治权提高，提供各种有关城市发展路径的信息并加以推广，实现地区自治。

第四节　五个分区多样化发展

箱根根据各地区固有的风土人情和历史文化等资源，结合城市建设目标和土地利用规划，将城镇划为汤本地区、温泉地区、宫城野地区、仙石原地区和箱根地区，使五区在把握自身地区特性的基础上，多样化协同发展。

一、汤本地区——拥有清流和温泉的城市，充满心意的箱根门户

汤本位于与首都圈直接相连的箱根以东地区，作为箱根发展门户，铁路和公路交通便利性高，具有交通终点站的功能，成为箱根特产店等商业设施和街道办事处等业务设施聚集的重要据点，所以需要建立能够满足多样化、集中化的居民和游客服务需求的地区。

市区沿着流经中央部的早川和须云川延伸，自古以来就作为温泉场发展，同时形成了早川亲水护岸和汤坂路（镰仓古道）等适合散步的地区。在旧街道沿线的畑宿地区，则聚集了承担旅游产业一部分功能的传统工艺“箱根寄木工艺”工厂，成为拥有丰富旅游资源的地区。

为了吸引国内外游客安心游玩，汤本充实观光向导和徒步旅行路线，实现指引的多语言化。同时，通过继续推进有利于镇民便利生活的基础建设和育儿支援体制，在谋求维持、增进居民高满意度的同时，充分利用客流量，建设充满交流的活力地区。由此，依靠“拥有清流和温泉”，推进汤本建设成为与“国际观光地——箱根”门户相称的、洋溢着款待之心的地区。

二、温泉地区——被日本近代史所熏陶的绿意盎然的温泉疗养地

温泉地区由大平台、宫之下、小涌谷三个特性不同的温泉疗养地构成。市区沿着早川的溪谷形成，以重要历史建筑物的度假酒店为中心，有作为高级避暑胜地发展起来的宫之下地区，作为优质温泉地的大平台地区，散布着许多别墅和住宿设施的小涌谷地区。每个地方都有箱根登山铁路车站，交通便利，是一个可以让居民和游客欣赏垂柳、绣球、五彩山谷景色等丰富多彩景致的地区。

在确保绿意盎然的良好居住环境和步行空间的同时，温泉地区推进郊游路线等建设，努力维持自然环境原始的状态，使人们享受步行文化所创造的安静空间，以打造人们心中宁静的地区。

在文化保护发展建设方面，温泉地区通过保护历史重要建筑物和举行研讨

会等方式，普及文化遗产知识，活化利用文化遗产。在谋求形成与自然环境及日本近代历史独特街道相适应的景观的同时，发挥本地区特有的胡同文化，使国内外游客感受近代日本的变迁。努力构筑作为温泉疗养地的活力与魅力，将本地区特有的历史文化氛围、自然环境、温泉疗养三种元素结合起来，打造被日本近代史所熏陶的绿意盎然的温泉疗养地。

三、宫城野地区——拥有丰富多彩的自然和泉质，让心灵得以满足的绿风之乡

本地区位于箱根町中部，土地高低差较大，是以整齐安静的温泉疗养地和良好的交通环境为优势，作为箱根观光要道发展起来的。宫城野拥有以樱花、梅花为首的四季应时花，有夏天的萤火虫、秋天的红叶，有喷气活动丰富的早云山等，自然环境丰富优美，还有超过 90 年历史的大文字烧等传统活动。自然和人文交织，以及多样化泉质的温泉，一起成为宫城野地区对游客极具吸引力的要素。

宫城野地区在发挥各地区特色的同时，通过促进连接各区的干线公路的拓宽，方便交通并确保交通安全，并加强地区内的洄游性和合作，力争成为具有一体感的地区，成为追求高满意度的居住环境；同时，探索建立拥有丰富自然环境的观光地。对于强罗，在推进其作为箱根观光要冲地的同时，谋求其作为井然有序的温泉疗养地环境的可持续发展。二之平地区，则利用居住地和文教设施、观光设施接近的优势，努力建设成让居住者和来访者满意的地区。

四、仙石原地区——享受四季自然风光的高原度假胜地

仙石原地区位于箱根西北部，经由连接相邻静冈县、御殿场市的国道 138 号，成为与东名高速公路相连的箱根北大门。该地区平原面积广阔，形成了别墅、美术馆等旅游设施，以及高尔夫球场等体育娱乐设施集聚的度假村。同时，良好的居住环境也使得该地区成为箱根町人口最多的地区。

仙石原是被箱根中央火山口和外轮山包围的火口原，所以充满高原情调，拥有县内唯一的湿地——仙石原湿地、“神奈川 50 景”之一的仙石原草原、富

有火山特色的大涌谷和受徒步旅行者欢迎的金时山等众多优秀自然资源。

为了扩充北大门的功能，仙石原通过建设新的广域接入道路，确保发生灾害时的替代路线，实现以观光振兴为首的地区活性化。为了充分发挥自然环境、平坦的地形特性和良好的居住环境的优势，仙石原在特别关注保有原有自然资源的同时，进行适当且有效的城市基础设施建设仙石原致力于塑造成一个让人心旷神怡的地区，让居住在这里的人们每天都能感受到壮丽的自然环境，享受到美好的生活，让游客在感受高原风情的同时，享受到原生态的自然环境和优秀的艺术文化。

五、箱根地区——充满历史和传统文化气息的湖畔交流空间

箱根地区位于箱根町西南部，作为代表日本自然风景地的地区之一，以倒映富士山的名镜芦之湖和美丽的山峦为核心资源，拥有四季各异且富有特色的自然景观，是箱根观光的一大亮点。城市沿着国道1号和芦之湖畔形成，由繁荣的原箱根地区和自古以来的温泉疗养地芦之汤地区构成，自古以来就是人口聚集、观光业发达的地区。

箱根地区还拥有讲述中世纪地藏信仰的石佛群、江户时代文人墨客聚集的东光庵、东海道要冲的箱根关口、旧街道杉并木、石板等历史文化遗产。一边带有缅怀过去的风情，一边是相映成趣的自然景观，二者结合，成为该地区观光旅游发展的重要支撑。另外，箱根地区还是东京—箱根往返接力赛跑——箱根驿传的去路终点，箱根驿传这一知名度极高的赛事既为箱根提高了知名度，又拉动了当地观光温泉产业的繁荣。

为了有效利用本地区固有的自然环境和历史文化遗产等资源，在形成与门前町、宿场町、温泉疗养地等历史遗迹的历史背景相对应的街道景观的同时，通过提高地区内的可回游性，加深了箱根观光的魅力，增加了地区活力。其中的措施包括：对阿字池在内的周边进行建设；增加芦之汤地区的活性；推进能怀念过去风情的箱根旧街道、石板徒步旅游路线等的维护；保护、保留展示江户时代东海道风貌的国家指定史迹——箱根旧街道杉并木，并对这些具有浓厚历史气息的历史文化遗产进行生产性保护，实现对固有的历史文化遗产的有效利用和对地区文化的活化。

第五节　泛温泉产业

一、箱根产业构成

根据2015年的日本国情调查数据，箱根的各产业就业人数中，从事农业、林业等第一产业的人最少，从事建筑业、制造业等第二产业的人也不多，从事零售业、服务业等第三产业的人最多，约占就业人口的86%。第三产业的从业人口中，大部分人是从事旅游产业的；从事第二产业的人也大多是在寄木工艺品等箱根工艺品制造业，因此，箱根的产业特征就是以旅游业为主。

箱根町计划观光部数据显示（见图7–1），2017年入境游客为21 520千人，为近几年最多。新冠疫情前由于火山活动、地震、台风等自然灾害略有波动，2020新冠疫情后，由于一系列紧急事态、限制流动的严峻形势，旅游业遭受重大打击。2020年入境游客是2019年的66.3%，2021年虽逐渐恢复，但还是达不到之前水平。

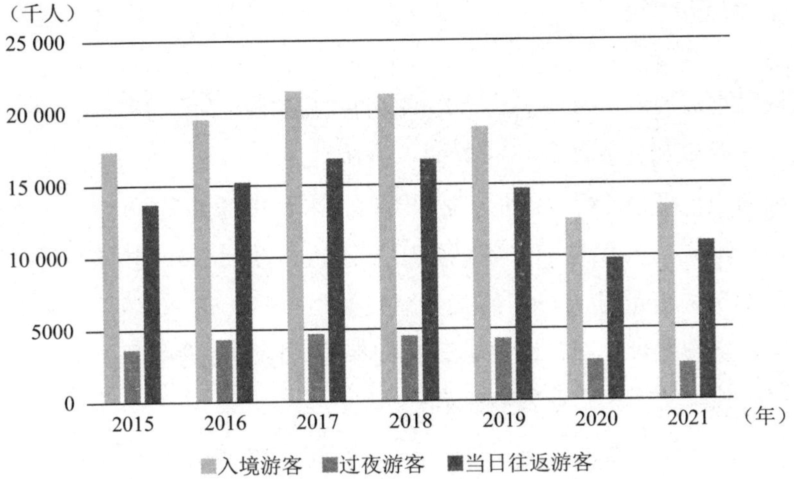

图7–1　箱根町2015—2021年游客数量

数据来源：日本箱根町计划观光部

作为本町支柱产业的旅游业，住宿设施在 2015 年是 420 家，而在 2019 年是 382 家，下降了约 9%；经过新冠疫情冲击后 2021 年为 364 家，较 2015 年减少了约 13%，其中民宿和疗养院减少得非常明显（见图 7–2）。

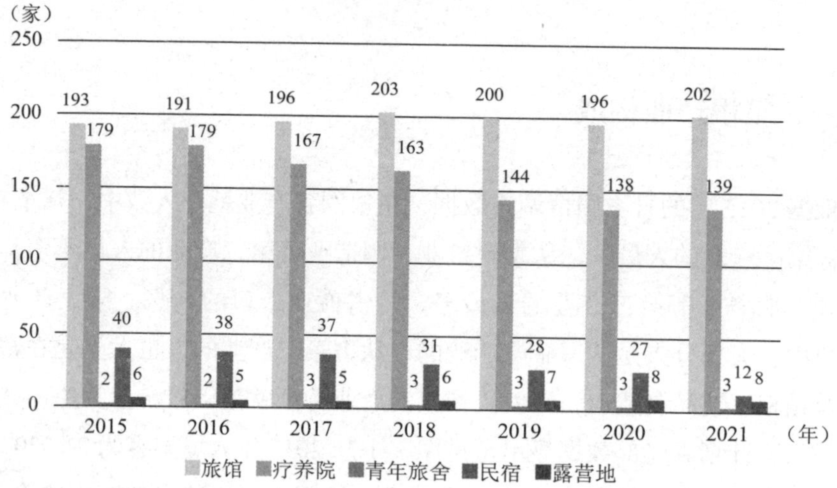

图 7–2 箱根町 2015—2021 年住宿设施数量

数据来源：日本箱根町计划观光部

二、温泉产业

箱根以丰富的温泉资源和自古以来发展的温泉接待业为基础，以温泉为核心大力发展温泉观光业和温泉疗养业。据统计，2020 年箱根共有 479 口温泉，其中已利用的自喷泉 68 口，动力泉 181 口，未利用的温泉 98 口，现有温泉资源丰富且余量充足，在合理的规划利用下，能够做到温泉利用的可持续发展。箱根地区温泉涌出量排入日本前五名，且泉质丰富，达 20 多种，有碱性单纯温泉、钠氯化物温泉、石膏温泉等，它们有着不同的疗愈效果，适合不同的人群，是得天独厚的温泉产业发展基础。

箱根地区日接待量居日本全国之首，这与箱根背靠东京经济辐射圈的地理位置分不开，便捷的交通和独具禀赋的自然环境使得箱根温泉产业竞争优势明显。新冠疫情前，2019 年箱根观光消费产值为 7935 亿日元，且箱根地区以其四季观光产品多样化发展的特性，使得全年游客量没有太大的起伏。春有樱花，夏看绣球，秋季是杜鹃，冬季富士山脚泡温泉，一年四季箱根都有不同的观光项目吸引游客。

在箱根进入超老龄社会的现实情况下，箱根在努力创建一个对老年人友好的社区，一个老年人可以享受健康、安全和积极生活的环境。箱根根据每个人的条件和环境提供适当的支持，并支持那些不需要护理的人独立生活，以便他们即使在老年也能过上健康和充实的生活，即使他们需要护理，政府、相关组织和服务提供者也会支持他们。当地政府致力于在社区中加强健康促进和护理预防以及社区中的相互支持，并通过实现可持续长期护理保险服务，促进建立基于社区的共生社会，使老年人能够继续过上健康的生活，整个社区都能够支持他们。这样的社会环境氛围有利于温泉疗养业的发展，疗养院一直在箱根的住宿服务中占有重要比重，新冠疫情前高峰期时其占比达到全部住宿设施的43%，新冠疫情后虽有下降，但仍占有很大比例。

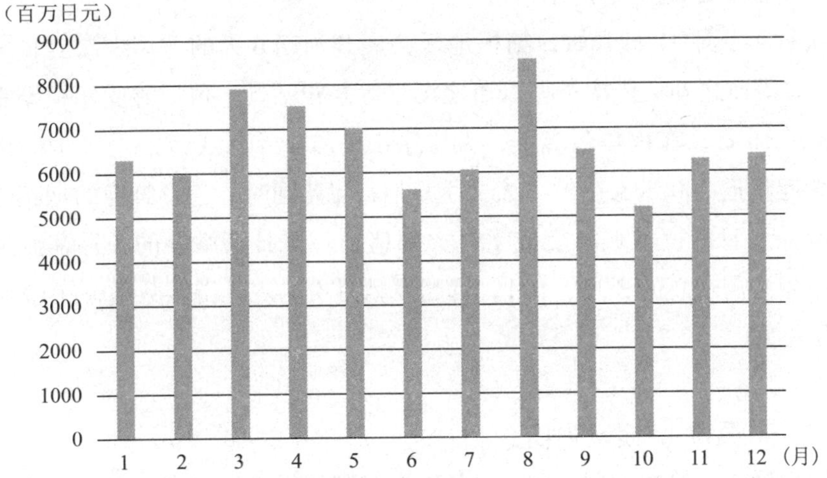

图 7–3　箱根地区 2019 年各月观光消费额

数据来源：日本箱根町计划观光部

三、“温泉 +”休闲度假产业

（一）“温泉 +”文化休闲

1. 大名游行（Hakone Daimyo Parade）

大名游行是箱根的秋季传统，于每年 11 月 3 日在汤本温泉举行，各色人等组成一支约有 400 人的队伍，在老高速公路和温泉街上大声喊着“下来，下来”（下に、下に）。箱根大名游行始于 1935 年，来源于在箱根汤本举办的温泉博览会，“二战”后每年举行一次。伴随着“下来，下来”的口号，游行大约需要四个半小时，就像江户时代的游行一样，路线从汤本小学直到汤本藤屋酒店。

2. 箱根夏日祭大文字烧

从每年 7 月 31 日开始，箱根地区会展开为期 6 天的“芦之湖夏日祭典活动周”。沿芦之湖会依次举办以芦之湖祭等祭祀活动，可以感受箱根厚重的历史。8 月 16 日，在夜幕包裹下，大文字山（みょうじょうがたけ）的山腰上渐渐燃起将近 200 米大小的“大文字烧”。与此同时，色彩鲜艳的烟花连续发射升空，夏日的夜空顿时变成了灯火的盛宴。夏日祭举办的 8 月客流量仅次于温泉旅游需求高的 3 月、4 月，远超夏秋月份的观光游客数量，2019 年超过 200 万人次。

（二）“温泉 +”运动娱乐

箱根驿传（箱根駅伝），正式名称为东京箱根间往复大学驿传竞走（東京箱根間往復大学駅伝競走），是日本一项在每年 1 月 2 — 3 日举行的驿传竞走活动。箱根驿传的路线是由读卖新闻东京本社出发，直到箱根芦之湖折返。去程分为五个区间（108 千米），回程同样有五个区间（109.9 千米），十个区间合计为 217.9 千米。

日本电视台及关联媒体都会现场直播，往年创下了近 30% 的高收视率。每到 1 月驿传举办的时候很多粉丝都会到箱根举行支援活动，据统计，团队和观众的住宿、交通、饮食在箱根的花费约为 5200 万日元。而 1 月恰好是箱根年接待中游客第二少的月份，在这里举办的箱根驿传，可以很好地拉动箱根及其旅游观光产业的发展。另外从长期间接效果上考虑，电台及媒体的宣传也进一步扩大了箱根的知名度，而驿传所代表的合作、拼搏等精神也内化为箱根的城市气质。

健康养生旅游度假区篇

第八章

美国图森峡谷农场度假村——美国第一健康养生基地

作为提供度假休闲产品的住宅群，度假村这一旅游聚落形式快速成长起来，依托不同的旅游资源，形成了海滨、森林、温泉、高尔夫等功能与景观各异的度假村。美国图森峡谷农场度假村立足大健康产业，主打高端康养服务，以 SPA club 为核心产品，打造面向高消费人群的养生产业链和康养社群，建立起了一个沙漠中的康养绿洲。从度假村的土地价值、物业价值到一期别墅的品牌价值、区域价值，再到二期别墅的全线价值增值，图森峡谷农场开创了康养类度假村盈利模式的新思路。灵活的阶段开发、多元的营销体系以及对环境氛围的重视等，为图森峡谷农场冲出美国、成为世界级康养小镇标杆添砖加瓦。

第一节　度假村概况：世界级康养小镇标杆

一、沙漠中的康养绿洲

图森峡谷农场是美国首屈一指的健康养生度假胜地，由房地产开发商梅尔·扎克尔曼和他喜欢运动的妻子艾妮德在图森的一个老农场上开发，是“美国首个纯粹的度假和健身胜地”。图森峡谷农场坐落于美国西南部亚利桑那州图森市，圣卡特塔利纳山脉下的索诺兰（Sonoran）沙漠边缘，距离图森市中心 20 千米，距图森国际机场 33.8 千米，距图森 Amtrak 站 19.6 千米，仅需 15 分钟的车程即可从各大交通枢纽到达目的地，交通便利、可达性强，是荒芜沙漠中难得的绿地丘陵地区。作为以沙漠气候而闻名的地区，亚利桑那州南部夏季炎热，冬季温和，由水热条件来看，它并非传统康养度假地的理想选址区域。然而，图森峡谷农场在区位选址上巧妙地扬长避短，利用距离自身不足 10 千米的萨比诺峡谷所形成的小气候优势，营造夏季温度适中、冬季雪资源充盈的环境氛围，依托农场东部丰富的峡谷、瀑布风貌景观和繁茂的植被资源，化劣势为特色，充分发挥了特殊地理位置中珍贵环境资源的作用。同时，图森峡谷农场周边 1 小时交通圈内还散布着多个国家公园、州立公园和特色公园，这些综合型自然景观公园的空间集聚向游客发出了该地区环境质量优良的信号，为图森峡谷农场带来了外围吸引物强有力的支撑，形成康养类度假区建设中不可多得的有利条件。

图森峡谷农场建设总规模为 83 公顷，其中度假村占地 34 公顷，别墅区占地 49 公顷。7 ∶ 10 的规模占比表明酒店是图森峡谷农场的核心产品，度假休闲服务是该项目康养产业链上不可或缺的一部分，二者相辅相成、和合共生，一起组成了图森峡谷农场的康养业态。

二、“一轴四区”的康养空间与八大复合型养生功能场所

图森峡谷农场依托优越的自然资源，集中布局养生设施，以中部一条主道路串联起四个功能分区，整体上形成“一轴四区”的空间产业格局。主干道路为“西北—东南”走向，自北向南纵跨整个农场范围，穿越南部的度假别墅区后较为平均地将农场划分为东—西两大板块。东部板块毗邻大峡谷，由度假服务东区、度假别墅北区和部分度假别墅南区共同构成。西部板块的构成相对简明，由度假服务西区和部分度假别墅南区组成。四个功能分区相互穿插，两两对称，在空间上形成产业集群的示范效应和合作效应，在业态上做到信息的共享与互补，总体构建起“一轴四区”的康养空间。

图森峡谷农场致力于为顾客提供“全包价”式的康养体验和休闲场景，在发展路径的规划中设计了度假别墅和 SPA 综合中心、高尔夫中心、水上运动中心、健康医疗中心、生态餐厅等八大养生功能场所（见表 8–1）。

表 8–1　图森峡谷农场养生功能场所[①]

主要设施	功能	建筑面积（m^2）
SPA 综合中心	最核心、规模最大的康养休闲设施，向顾客提供一站式的 SPA 和全面的健身运动项目	7500
高尔夫中心	专业的高尔夫运动场地，引入视频分析技术和先进的球路影像追踪设备，打造“闲而不余”的高尔夫体验	3000
水上运动中心	提供水上娱乐、水上运动课程和水上训练场地	1300
健康医疗中心	依托健康管理和健康医学的理论指导，打通“校企联合”“企企互动”渠道，通过与各大高校、名医师开展合作，组建一支高水平、高标准、高服务的康养人才队伍	大庭院 + 办公区

① 美国第一健康养生基地图森峡谷农场案例研究分析（上）[EB/OL].[2022–10–3]. https://wenku.baidu.com/view/1197f2a787868762caaedd3383c4bb4cf6ecb74f.html.

续表

主要设施	功能	建筑面积（m^2）
生活促进中心	针对每一位度假游客的特定情况，提供个性化、定制化的健康生活方式指导	1580
俱乐部会所	提供高端康体娱乐活动	/
生态餐厅	对原生态有机食材进行加工，为顾客提供营养均衡的膳食	2000，包括3个宴会厅和私人餐厅
附加设施	周期性常规休闲运动的开展场所	7个网球场、1个篮球场、3个游泳池、山径山道若干

三、广受肯定的综合型康养度假目的地

图森峡谷农场自1979年建立以来就是个不折不扣的“获奖专业户”，是业内唯一一家11次获得《康纳斯特旅行家》杂志“最佳水疗度假胜地”大奖，并被美国《旅行休闲》杂志和《康纳斯特旅行家》杂志誉为“最佳SPA”。2009年获得《康纳斯特旅行家》前五位最受欢迎的SPA项目和“北美最受欢迎SPA”奖，2010年第六次获得“美国最佳SPA”奖①。2017年荣获《波士顿》杂志评选的最佳健康度假酒店，并在2018—2020年获得猫途鹰平台的卓越认证、“世界水疗奖”的年度水疗度假酒店与最佳健康疗养胜地等多个奖项②，可谓是广受肯定与赞誉。

与西部农场的牛仔气质或是单一峡谷风景的观光不同，图森峡谷农场将健康疗养的理念融入休闲度假的各个环节，从“吃、住、行、游、购、娱”六个方面全方位打造王牌特色——水疗。“生命改善”（Pathways）项目将温泉疗养、传统和新型医疗、行为疗法、精神疗法、营养学以及医疗美容、户外运动集成融为一体，根据顾客想要达到的健康目标精心策划个性化服务，Pathways Plus通过诊断服务提供基于医疗的沉浸式体验，以实现有针对性的健康改善。

图森峡谷农场以“改善人们的健康”为宗旨，开创了“健康的新生活方

① 沙漠里绽放的康养之花：图森峡谷牧场［EB/OL］.（2019-06-29）［2022-10-03］. https://www.sohu.com/a/323728285_120046640.

② Canyon Ranch［EB/OL］.［2022-10-5］. https://www.canyonranch.com/tucson/arizona-resort.

式”，为高端上流人士、亚健康群体、慢性病人群提供了一系列度假养生服务，包括生活方式的重塑、情绪管理、减脂塑形、疾病预防等健康改善措施，并通过水疗、冥想、瑜伽、攀岩、徒步旅行等活动实现价值变现和产业增值，为此后美国乃至全世界的康养度假目的地树立了一个标杆。

第二节　发展历程：“美国第一养生基地”的成长之路

一、创立期：做健康生活方式的先驱

1978 年，早在健康成为一个价值数万亿美元的产业之前，梅尔·扎克曼就做出了改变其惯常生活方式的关键决定。经过两周的健康生活，他意识到自己已经永远地改变了自己的生活，而图森峡谷农场设立的初衷，就是他想帮助更多人也这样做。1979 年身为房地产开发商的梅尔和妻子在亚利桑那州图森市开创了他们的第一个峡谷农场项目——图森峡谷农场。这一首创的健康度假区通过资源整合，从东西方的传统与现代医学中汲取整体理论、治疗方法和依据，以解决游客的身心健康问题。

创办之初，图森峡谷农场还只是一个家庭作坊式的度假目的地，度假区的年入住率也仅为 20%。这不仅是图森峡谷农场单方面供给落后所造成的困境，也是彼时美国健康度假市场尚不完善、需求亟待培育的大环境所致。意识到这点后，梅尔夫妇在挖掘市场需求、抢占市场份额、拓展度假区知名度等方面重点着力，旨在通过公共媒体和商业展会宣传，转化潜在顾客的消费需求，提升度假区的入住率。1981 年，图森峡谷农场项目参加了当时引领美国健身狂潮的理查德·西蒙斯所举办的展览，并通过杂志推广健康的生活方式以及图森峡谷农场。1982 年，美国《时间》杂志第一次将图森峡谷农场评为“美国第一健康度假胜地”，当年，度假区的入住率就增长了四成，飙升至 65%。图森峡谷农场在康养度假领域的成功探索使其被称为“健康生活方式的先驱”。

二、成长期：扩张研发双管齐下，打造核心品牌

在成功打开康养度假区市场需求、稳定度假区入住率之后，图森峡谷农场通过横向区域扩张和纵向产品研发两个方面，构建起专属于峡谷农场的品牌产品体系，带领图森峡谷农场不断成长。1988 年，图森峡谷农场新开辟了健康疗养中心和生活促进中心，进一步拓展自身的业务板块和涉猎领域，对于原有的业务板块则通过设备升级、流程优化和配套设施完善等方式进行更新，以实现度假区服务质量的全方位提升。随后，梅尔夫妇不再满足于图森这一单一目的地度假区的打造，他们试图摆脱空间的桎梏，将图森峡谷农场的康养度假区模式向全美范围推进。一年后，他们就于马萨诸塞州的莱诺克斯开办了莱诺克斯峡谷农场，开启了峡谷农场的扩张之路。1999 年，第一家峡谷农场 SPA club 在拉斯维加斯的威尼斯人酒店成立，SPA club 由此开始成为峡谷农场的核心输出服务。SPA club 的主打服务是水疗与美容，辅之以健身与运动、营养与食品。水疗与美容共计有 123 项子产品，涵盖从头至尾的全方位身体护理和深入灵魂的精神能量激励，无论是追求单人私密放松、双人体验分享还是多人欢聚庆典，SPA club 都能提供相应的空间和服务。体验式客房、精选餐饮、每日健身计划、攀岩、芬兰桑拿、冰屋等都是 SPA club 的特色亮点服务。

另一方面，图森峡谷农场还在附加值产品的研发上大做文章。2002 年，图森峡谷农场成立健康研究所，专注于健康指南类新服务的设计与整合，旨在针对不同康养需求的客户提供个性化、定制化、有效化的调理行程，持续丰富产品体系，匹配更为多样化的客源市场需求。在地域扩张和研发创新兼备的作用下，图森峡谷农场形成了围绕 SPA club 的住宿、服务、生活、餐饮、活动、资产等“六位一体”的品牌架构，为度假区进入生命周期的成熟期做好了充足的准备。

三、成熟期：多元化经营与产业链构建

在图森峡谷农场管理者 25 年的辛勤耕耘下，该项目已在美国颇具规模和名气，成熟的商业化模式开始遍地开花：加利福尼亚州伍德赛德峡谷农场、内华达州拉斯维加斯峡谷农场相继成立。图森峡谷农场运营模式的成功复制意味

着康养与度假的结合已成为美国休闲产业分支中一股不可忽视的力量，也推动着峡谷农场开始进行系统性的多元化经营。

2004 年，峡谷农场持续推进自己的核心品牌业务，在世界上最大、最出名的豪华游轮玛丽女皇 2 号上开出了第二家 SPA club，实现了由静态陆上康养空间塑造向动态海上度假场景培育的转换，在进一步打开更有消费力和忠诚度的客源市场的同时，加深了产业融合的程度。玛丽女皇 2 号上的 SPA club 以水疗中心为主体，配备有理疗室、水上疗法中心和休闲室。海上的 SPA club 沿用与图森峡谷农场相同的培训技术和工作理念，以确保服务流程的标准化和服务质量的高水准。理疗室内提供各种按摩、针灸、热疗和其他治疗，水上疗法中心设有带喷泉的大型室内游泳池和按摩身体的水下喷头。紧邻游泳池的是花香调和、草药调和的蒸汽浴室、桑拿室、反射疗法盆以及感官淋浴器。在水疗中心尽情享受后，顾客可以前往休闲室休息。这间客房与游轮的户外长廊位于同一楼层，设有可以俯瞰大海的落地窗，经过处理的单面镜窗户很好地保护了内部顾客的隐私。和陆上 SPA club 相同，游轮上也设有健身中心和相应课程、由峡谷农场指派的专家所带来的关于健康与保健主题的信息性讲座以及专属于 SPA club 的食谱与菜单。作为品牌多元化落地的第一步，峡谷农场的 SPA club 现已与 20 多条游轮达成合作，包括大洋洲巡游号游轮、丽晶七海巡游号游轮等顶级奢华游轮。借助游轮上顾客来源的丰富性，图森峡谷农场事实上从侧面开拓了国际客源市场，培育了潜在顾客的消费兴趣，为图森峡谷农场本体引流。

2006 年，理查德 · 卡莫纳（Richard Carmona）博士加入图森峡谷农场的管理团队。作为美国第 17 任卫生局局长（2002—2006 年在任），理查德是一位著名的综合医学、创伤外科医生和全球公共卫生领袖，拥有军事服务和科研的经验。他长期的领导角色和他与峡谷牧场的个人关系反映了促进健康生活的共同愿景。卡莫纳博士担任图森峡谷农场的健康创新总监无疑是对这个团队在医疗康养领域的科学性和专业性的最佳背书。在此之后，大批的高端专业性人才被不断引入，他们丰富的经验、富有远见的思维以及团队内外的合作为图森峡谷农场成为美国第一健康养生基地奠定了坚实的基础。目前，图森峡谷农场拥有一支专业的新业务开发与服务团队，包括 74 位在各行各业中有着亮眼表现的专家，他们通过借鉴世界各地经过验证的理论和模式，为顾客提供精准的康养体验方案和实用工具，以指导处于不同人生阶段的顾客通过在度假区的康养之旅获得幸福体验。强大的研发能力令图森峡谷农场拥有大量知识产品与产权，为核心品牌服务的内容输出提供了强大的支撑。

2007年，图森峡谷农场年收益达到了1.5亿美金。2008年年中，由图森峡谷农场开发的第一个房地产配套项目“健康社区”正式对外交付，土地价值与物业价值得到有效溢价，形成“养生+地产”的一体化发展。房地产开发产品与养生内容的绑定保证了客源的稳定性和投资回报，为图森峡谷农场保持高利润率带来了保障。同年，由图森峡谷农场打造的美国东南部最大、最好的SPA中心开业，峡谷农场成为年服务40万人次健康度假客户、领跑康养产业30年的美国康养度假区集团标杆。除此以外，图森峡谷农场还以健康为主题，延伸出饮食食谱、美容等多元化可销售产品，构建起自有品牌体系，涉及烹饪书籍、护肤品、营养品、礼券等。如今的美国图森峡谷农场酒店别墅类产品价格已经是周边同类产品价格的5倍，55%的复游率和80%的散客率使之当之无愧地成为美国最具有标志性的康养项目。

第三节　生命力提升之旅：四位一体的综合养生体验

一、养生环境：原生态建筑风格与和谐景观设计

图森峡谷农场所在的亚利桑那州与墨西哥边境接壤，受到墨西哥独特部落文化的影响，峡谷农场的建筑带有鲜明的墨西哥庄园风格，呈现出原生态的特征。房屋的建造尽可能地遵循就地取材的原则，使用非人造的原材料，砖瓦结构的屋顶、石质的墙体和纯色的外立面都体现出巴洛克建筑风格中强调的简约、富有力量、快乐的理性主义等内涵，这也是图森峡谷农场在其所提供的服务和产品中所想要传达的理念。度假区内部的装饰品反映出当地殖民历史和印第安文明的交织，既表达了图森峡谷农场对个体差异化的尊重，也反映出其康养文化博采东西方众长的渊源。

除建筑外，峡谷农场周边的景观也尽可能地保持了原有荒漠地貌的真实性和完整性，为前来度假的游客展现出该地区原真的自然风景和潜藏在视觉景观

下的文化基因。在生物多样性的保护上，原有的生态体系没有因为峡谷农场的建设而被破坏，大量原生植被得以留存下来，人与自然和谐相处的理念也同图森峡谷农场所倡导的幸福之路不谋而合。度假村的内部设计为花园式的园林，各色花卉、沙漠中的特定植被例如仙人掌等随处可见，图森峡谷农场所营造的绿色空间兼具地域厚度和现代康养需求，是吸引游客获得稀缺体验的一大卖点。

在景观小品的设计上，图森峡谷农场以喷泉为核心，让节点溪流式的水系贯穿整个度假区，搭配功用各异的水池，形成“以水引路、以路导人”的导览系统。并在关键节点处设计石板泳池、景观小品、专用休息区和户外康体餐饮点，合理利用外部环境的疏密控制游客的消费方向和度假节奏。图森峡谷农场的内外部道路同样独具匠心：除常规的车行、人行和工作通道外，度假区内部还设置有专门供步行和慢跑的小径，周边的山地也开发出了野外慢跑步道和徒步路线，为富有冒险探索精神的度假游客提供了安全保障。

二、养生项目：美式医学体系，科技赋能创新

优秀的度假区离不开完善的服务产品体系和内容输出，图森峡谷农场也不例外。作为峡谷农场的基础康养项目和群体性服务产品，其所构建的美式健康医学体系涵盖十三个大类（见表 8-2），上百种分支项目，为度假区全年龄段、多需求化、高标准性的顾客们提供了庞大的选择空间，当然这也是其多元一体化战略的典型表现。

表 8-2　图森峡谷农场养生项目体系[①]

美式健康体系	养生项目类别	具体服务内容与说明
水疗与美容	身体按摩	传统按摩、亚洲按摩、高级恢复按摩、印度疗法、峡谷农场品牌独创按摩……
	身体治疗	尤利娅水疗、草药疗法、奥地利拟建、身体磨砂……
	皮肤健康	分析皮肤状况，提出恢复养颜建议，给予皮肤护理的疗法
	美容沙龙	美容、美发、皮肤健康、化妆课程、美甲、修脚……

① 美国第一健康养生基地图森峡谷农场案例研究分析（下）[EB/OL].[2022-10-5]. https://wenku.baidu.com/view/9b453ac001d276a20029bd64783e0912a2167ce6.html.

续表

美式健康体系	养生项目类别	具体服务内容与说明
健身与运动	运动健身	健身课程、设施健身、散步健身、肌肉骨骼健康、高尔夫、球类运动、户外攀岩……
营养与食品	营养美食	减肥营养学、新陈代谢改善、康复食品、消化吸收改善、糖尿病改善、维生素矿物质补充、健康饮食顾问……
健康与性能	健康护理医疗	常规医疗的延伸，研究影响人健康的原因，给予传统的、非传统的治疗方案和建议
	生活管理	生活方式咨询、压力管理、人际关系改善、饮食习惯处理、性咨询、睡眠咨询、戒烟、血压控制、谈心疗法、催眠疗法……
	能量康复	针灸治疗、音频康复、内部脉络平衡、大脑和脊髓调理、磁极疗法、能源接触医疗、日本人体脉冲、REKEI 镇静……
心灵与精神	精神康复	通灵旅程、精神辅导、洛奇仪式、里程碑意识……
	心灵智慧疗法	占星术、塔罗牌、书法、数字命理学、先知术……
青少年项目		包括针对青少年群体的肢体疗养项目、运动健身、能量康复、皮肤健康、生活管理和营养膳食等
后续服务		健康跟踪、影响辅导、锻炼辅导、生活管理跟踪……

图森峡谷农场多样化的产品体系是以其扎实的核心养生技术为依托的，通过传统养生疗法、西方健康科学技术和自营研究所研发三条路径，峡谷农场实现了稳定的“三角康养技术整合与创新”。在传统养生疗法上，峡谷农场借鉴全球各地的医疗特色，推出集成式的理疗产品，让游客在一次度假中就能享受到多国的健康产品，实现一站式多维康养体验；同时，峡谷农场注重对现代医学的灵活运用，通过高科技的疾病监测设备、智能化的状态追踪仪器和可量化的科学生活设计，图森峡谷农场为前来度假的游客展示了一种全新的生活方式。并且对于游客来说，这种生活方式是诞生于图森又可融入惯常环境的，是一种不可替代的体验和可以带走的记忆。因此，图森峡谷农场通过资源的有效整合实现了定制化康养旅游产品的输出，形成了度假区的核心竞争力。当然，图森峡谷农场与时俱进的意识和强大的创新能力是其经久不衰的另一个秘诀。图森峡谷农场历来注重自身品牌的营造与构建，不仅推出了自己的SPA club，还建立起自己的健康研究所、华润商店、课程体验礼品等康养衍生品，以技术更新和产业融合为基石助力峡谷农场不断前行。

三、养生服务：定制化流程和专业化人才

如果说养生项目构成了图森峡谷农场的硬实力，那么养生服务则彰显出峡谷农场先进的竞争软实力。图森峡谷农场为游客提供了名为“一周生活促进”的改善计划，这是一份根据消费者自身实际情况而定制的为期一周的健康度假计划时间表①。

入住前，游客将可通过预订的方式上传自己的基本健康状况，以便专业人士对这份时间表进行规划。入住首日，游客的私人管家或者说健康主理人就会在生活促进中心对接下来一周的度假活动做出说明，其中大多数为一价全包式的免费活动，少量为可供顾客额外选择的付费课程，通过双向的交流与沟通来调整预设的计划表并为顾客营造值得期待的度假氛围。随着第二天黎明的到来，专属于每一位游客的新生活就此开启。或许你会享受到索诺兰沙漠中的日出，或是通过冥想引导思维和生活态度的转变，或是在动感的尊巴舞和刺激的攀岩中找寻积极面对生活的热情，图森峡谷农场从“食、宿、游、娱”四个方面为游客打造了一个与都市生活截然不同的环境场，以协助前来实现康养需求的游客获得直击身体与心灵的感知。休闲娱乐活动也是计划表中不可缺少的一部分，在图森峡谷农场，游客可以尽情地从快节奏、高压力的生活中跳脱出来，心无旁骛地感受与自身生命力的对话。由专家、博士等带来的专业性课程将同时提升游客对健康生活本质的理解，这种解说系统的运行方式有利于为游客创造除感知体验外的文化价值增值，也是知识付费变现的一种有效形式。每一天的活动都按照人体最佳的作息时间进行安排，以使顾客获得最舒适的度假休闲体验。在计划结束后，图森峡谷农场还为游客提供追踪生活质量的后续服务保障，切实反馈游客康养之旅的成果，建立起客户信息管理系统，以期将短期体验型客户转化为长期依赖型业主，为自身的康养地产板块业务积蓄客源。

人力资本积累是任何一家企业做大做强的根本动力。图森峡谷农场的人才体系涵盖医学、运动生理学、营养学、生命管理、灵性等多个健康领域。全峡谷农场共有超过 2000 人的医学和健康专业人才团队，平均每位客人有 3 名专业人士提供服务。图森峡谷农场的人才支撑包括医疗团队、健身教练和外部支

① Healing Hotels of the World［EB/OL］.［2022-10-6］. https://healinghotelsoftheworld.com.

持三种渠道，每位游客都将匹配到一个医疗专家、一个健身教练和一个支持人员（如按摩师、美学师等），这种 3 ∶ 1 的服务模式将使游客获得全领域的专业化服务和建议，确保产品质量的稳定输出。医疗团队是人才体系的核心，以健康医疗领军人物为核心，由三个梯度的医疗人才构成，自上至下依次为健康创新总监、健康医学专家和注册护士团队的金字塔结构，理论型与实践型人才兼备，员工成长路径规划清晰。外部支持来自图森峡谷农场和各大高校资源之间的合作。峡谷农场的健康疗养中心聘请高校教授和讲师团队为顾问，进行面向游客的康养讲座授课和面向员工的服务技能培训；高校科研团队又以图森峡谷农场为试点单位，反哺科研项目的推进与研究，为专科学生提供实习、实践的经验与机会，实现了产、学、研互融互通的良性循环。

四、养生居住："康养 + 地产"模式的他山之石

图森峡谷农场的居住体系可划分为经营性酒店和销售型住宅两种，其中，度假村酒店占地 34 公顷，主要位于峡谷农场的东部地区，包括豪华客房、行政套房、小型套房和豪华套房四种规格以及独立式的卡萨格兰德酒店和瑞兹登酒店，前者多用于接待散客，后者多用于接待团队游客。高端养生酒店舒适的住宿环境、高品质的设施和贴心的人文关怀将辅助游客在度假期间更好地放松身心。销售型的养生住宅位于图森峡谷农场的西部和南部地区，分两期开发，一期为彰显山地居住风情、欧式现代风格的山地别墅，建造于 1995 年，单栋面积 300~600 平方米。戏剧化的入口、大尺度的内部空间、开放式山景露台和精装的宽阔庭院让这些山地别墅成为地产市场中的佼佼者。二期为私密性更强、空间更宽阔的独栋别墅，始建于 2006 年，单栋面积 250~420 平方米。华丽的凸点石砖是其标志性特色，更加齐全的配套设施（中小学等）解决了业主的后顾之忧[①]。

在经营模式上，图森峡谷农场用"两条腿"走路。经营性酒店部分采用"行程套餐 + 养生套餐"的模式，社会客户前往图森峡谷农场进行目的地度假消费，度假村则向其提供健康养生服务。行程套餐中包含住宿和膳食，养生

---

① 执惠 . 探究新一代康养文旅项目操盘要点：六大要素是项目成功的关键［EB/OL］.（2019-11-6）［2022-10-6］. https://www.shangyexinzhi.com/article/294078.html.

套餐则可包含生活促进套餐、保健套餐、高尔夫套餐等……销售型别墅业主购买物业即成为峡谷农场尊贵会员，业主可享受与度假村相同规格的物业管理服务。度假村和别墅之间相互输送持续性的稳定客源，前期通过度假村的健康疗养效果逐步吸引高端客户，后期树立客户高品牌认同度，推动地产业务溢价出售，实现配套房产增值和康养品牌增值。

图森峡谷农场一直倡导“Life share”（生活在于分享）的邻里人居环境，认为与家人、朋友、同事、自然分享自己的生活是最好的健康习惯。因此，无论是在度假村还是别墅区，峡谷农场都致力于营造康养氛围下的社群交往，利用节事活动和庆典机遇来制造社交事件，鼓励具有相同兴趣的顾客组成分享社区小组，享受友谊，领略感激和欢乐的精神。

第四节 经验启示：把握医养产品与服务的核心竞争力

图森峡谷农场的成功绝对不是偶然的，而是“天时地利人和”所共同创造的，其在康养度假区打造上的诸多做法值得国内康养产业借鉴。本节将从三方面剖析美国图森峡谷农场开发建设的宝贵经验。

一、精准定位客源，建设社群文化

图森峡谷农场立足大健康产业，将客源市场锁定在高端养生客群之中，以期打造面向高消费人群的养生产业链。峡谷农场的主要客户群体是广泛的亚健康人群，少量项目针对慢性病人群。他们中大多数人的亚健康状态源自生活和工作的压力，因此具有天然的逃离惯常环境的冲动；同时，作为高净值人士的代表，他们对养生度假在物质和精神层面有着极致追求，较为良好的经济基础也能匹配峡谷农场的产品与服务定位，因此峡谷农场在这一类人群中能够保持较高的市场热度。在峡谷农场的健康度假体验往往能够给顾客留下深刻的印象，而健康的养生效果则吸引着顾客重复购买该项产品，从而实现复购率和复游率的提升，增强顾客黏性和忠诚度。由此可见，划定细分市场、准确定位客户消费特征是康养产业规划开发的基石。

社交属性是康养度假类旅游产品中极易被忽视但又颇具潜力的一项内容。图森峡谷农场为高端人士开辟了一个康养环境下的社交场景，借用邻里人际关系的理念帮助其顾客拓展社交圈，找到心灵的归属感，通过统一规划和价值输出建立起私域流量下的社群文化。第一流的康养项目本质不是地产，更不是医院，而是一个景色优美的、有情怀的、高品质生活度假社区。

二、健全业态与产品结构，注重环境氛围营造

康养度假区的生命力源泉是其产品体系和服务系统。图森峡谷农场以高端养生酒店为载体，前期提供高端养生服务，在获得稳定市场口碑后开发高端养生居所，形成物业增值的高溢价兑现。从度假区的土地价值、物业价值到一期别墅的品牌价值、区域价值，再到二期别墅的全线价值增值，图森峡谷农场不断提升着自己的溢价能力，拓展客户在该项目中的参与度，将游客的消费行为从重复购买培养为权益捆绑，从而实现散点式供给到全产业链体系的突破。一个康养项目应当具备的基本功能包含居住功能、学习交流功能、休闲娱乐功能、医疗护理功能、康体养生功能等，不同主题的项目其功能将有所区分和侧重。图森峡谷农场主推其 SPA club 的拳头产品，通过一流的设施、一流的服务、一流的养生计划实现目标客群的最佳度假养生体验。这种以功能分区代替传统的“大杂烩”服务有利于更为高效地利用有限资源，既为品牌形象创造了记忆点，也为成本控制和营销宣传指明了方向。

环境氛围的软实力营造将为康养度假区的核心竞争力添砖加瓦。由于不同康养项目所拥有的自然资源禀赋不同，外部空间环境的特点就会被放大，如何将重投入的康养硬件设施与良好的景观系统融为一体，将环境景观功能化，植入自然疗愈的功能，将会是康养度假区最大的特色和卖点。图森峡谷农场依托独特的沙漠风貌和山脉资源，开发了一系列度假区内外部景观和户外运动，充分挖掘自然资源背后的经济与文化价值，营造了符合度假区理念的空间环境品质。可见一流的康养度假区，应该具备的空间特色不仅体现在适老化、医疗类的功能建筑和布局上，更重要的是体现在高品质、园林化的环境吸引力上。只有从景观都市主义的视角去规划设计项目，才能打造一个别具一格、吸引客户

的惬意度假空间。

三、阶段性开发项目，灵活多元营销

与大多数一次性开发的景区型度假区不同，康养度假区的建设往往更加循序渐进。康养度假区的开发投入资金规模大，公建部分投资周期长，相关的房地产金融政策管控力度严，因此会呈现资金成本相对较高的特点。通常情况下，康养公建类投入、项目开发类投入，都是逐步分期进行的。在这个过程中，需要精确测算好不同类型公建设施、景观设施和地产酒店类物业的投资强度，以实现良性现金流的平衡。图森峡谷农场就采用了典型的阶段性开发方式，初创期用于摸索产业市场和积累原始客户，成长期大胆尝试“地产+康养”的全新盈利模式，成熟期开创品牌增值新方法，一步一个脚印地实现企业愿景与目标。因此，在设计规划期，严谨测算现金流、投资时间以及后期的运营成本投入，采用阶段性开发的方式布局康养度假区，将更有利于康养度假区把握市场风向和顾客需求，避免不必要的投资浪费和无效投入。

在康养度假区开发的各个阶段中，灵活多元的营销手段将助力度假区塑造更有说服力的品牌和形象。尤其是在度假区建设的前期，面对入住率普遍低下、常住人口少的困境，如何吸引消费人流、保证人气、获得长期健康运营的能力才是重中之重。图森峡谷农场在这一阶段就巧妙地利用专业领域内的展览会和意见领袖效应，增加自身的曝光度、知名度和可信赖度，从而打破了入住率低下的瓶颈期。一般情况下，在前期入住率不高时，需要经历逐步孵化、培育、调整的过程。此时，持续性的推广和输出将能快速集聚流量，“两微一抖一书”平台是度假区营销宣传可攻占的主要平台。在获得稳定客源后，营销的重点将转变到流量变现和形象维护上，依靠网络社群和主客互动来获得优化度假区的反馈意见。营销宣传的利好虽然作用在度假区开发的不同阶段，但这个工作本身却是长期性的，依据市场热点风向，灵活调整营销策略，是康养度假区跟上时代步伐的秘诀。

第九章

法国依云小镇度假区——阿尔卑斯山畔的童话小镇

依云小镇可谓世界上最为有名的康养胜地之一，由拿破仑三世赐名，可谓是因水而生，因水而盛。依云小镇的核心产品依云矿泉水享誉世界，为依云小镇带来了丰厚的财政收入。除了依云矿泉水之外，依云温泉号称世界上唯一的天然等渗温泉，同样被公认为最好的医疗温泉。

第一节　区域概况："神水"滋润的欧洲小镇

散落在大城市周边的欧洲小镇，会颠覆旅游者对于疲劳旅游的固有观念。狭窄整洁的街道，童话般的小木屋，当地居民亲切而善良的笑容，都会让时间渐渐变得缓慢。如果说旅行是为了摆脱生活所有的桎梏，那么法国的依云小镇会让你忘掉一切。

一、地理位置

依云小镇，又译为埃维昂，位于法国上萨瓦省北部的艾维昂勒邦（Evian-les-Bains），镇上有 7000 多名居民。它背靠阿尔卑斯山，面临莱芒湖，湖对面是瑞士的洛桑，距离日内瓦 45 千米，属于地中海气候[①]。

二、核心资源

（一）依云矿泉水

依云小镇以水著称，埃维昂即"水城"之意。由于依云小镇背靠阿尔卑斯山，来自高山的融雪和山地雨水在阿尔卑斯山脉腹地经过长达 15 年的天然过滤和冰川砂层的矿化，形成了依云水；水厂将珍贵的依云水接进来，不经过任何人工处理，直接灌装入瓶，贴上"EVIAN"标签，在世界各地销售，并组成一个叫 APM 的协会，由协会出资保护土壤、鼓励植树等。

---

① 依云小镇［EB/OL］.［2022-10-15］.https://www.wenji8.com/p/1d6xXdB.html.

依云镇与水的关系非常亲密。在依云镇，70%的财政收入和依云矿泉水相关；矿泉水厂900多名工人中，3/4来自当地，也就是说，在这个7000多人的小镇里，至少有10%的居民与依云水发生着直接的关系。并且依云镇还是世界上唯一一个可以免费品尝依云水的地方。在依云小镇上有4个公共饮水点，依云水长年累月地流淌着，供镇上的人免费饮用。清晨或黄昏，镇上的居民都会排着队装饮用水，只需十几秒就可以装满2升容量的空瓶。

（二）建筑

依云小镇的大部分建筑在1870年与1913年之间完成，市政厅、博彩中心、大教堂等地标性建筑都面朝莱芒湖，是典型的19世纪法式建筑风格。复古式建筑风格，为小镇增添了一股浓郁的文艺气息。

（三）温泉

在镇上，关于水的第二个传奇是SPA，可以称为世界上最专业的医疗温泉。世界上有三大著名的中低温地热泉，匈牙利、俄罗斯、法国各占其一。法国拥有的温泉数占欧洲的五分之一，而法国人最引以为豪的则是他们的医疗温泉，依云温泉是其中的代表。依云温泉号称世界上唯一的天然等渗温泉。温泉水的pH值几近中性，泉水清明洁净，含钙、镁、锌、锡等。由于温泉水具有独特的渗透性，一接触皮肤就可以迅速渗入皮肤表层，各种有效成分就能充分发挥作用，对治疗皮肤疾病和泌尿、消化及神经系统、心脏血管等方面的疾病有较好的疗效。现在世界公认，当今世界的医疗温泉，以法国为最好。

（四）鲜花

依云小镇气候宜人，非常适合花草生长。因为花卉众多，依云小镇被誉为有“最多鲜花”的城市。当地的居民很擅长用美丽的花卉打扮家园，镇里有一个专门培养鲜花的温室，供整个城市之用，突出了法国人的“浪漫”色彩。鲜花很好地点缀了依云小镇，不仅使空气清新、芳香，更给人视觉上的享受。

（五）传说故事

随着时代的变化，依云的故事也在不断升级迭代。在依云的新故事中，人们实现了“返老还童”的心愿。

从滑旱冰的宝宝 PK 舞技，到街边神奇的哈哈镜可以把人变回婴儿，喝了依云水你就能像婴儿一样年轻。“活出童真（Live Young）”的品牌口号从 2009 年开始出现在大众视野，并沿用至今。当年的轮滑宝宝（Roller Babies）视频仍然是 YouTube 点击量最高的广告之一。

从古至今，人类一直梦想着能够永葆青春，长生不老。秦始皇派徐福寻求仙丹，谷歌联合创始人塞奇 · 布林希望有朝一日能够“治愈死亡”……也许正因为如此，“活出童真 Live Young”的新故事引爆了互联网时代，成为病毒传播史上的最成功案例之一。

戏剧性的传说让依云矿泉水充满了神秘感，对消费者而言，他们也许不在乎喝到的依云水是否真正源自阿尔卑斯山，他们购买的是依云品牌 200 年的传奇，喝下去的是其背后的传奇故事和青春灵药，感受到共鸣的是品牌灵魂。

第二节　依云小镇发展历程：因水而生，因水而盛

一、依云水历史概况：贵族发现，皇帝赐名

1789 年夏天，法国大革命正如火如荼，一位名叫 Marquisde Lessert 的贵族逃亡到了依云镇。当时的他患有肾结石，喝了一段时间的依云矿泉水之后，肾结石奇迹般地排出来了，依云镇的水就此“一喝成名”。

各地来依云镇寻水的人越来越多，贵族察觉到其中的商机，便将他最早发现泉水的地方用篱笆围起来，将水装在瓶里出售。“神水”传到宫里，拿破仑三世翻开辞典，将一个拉丁文单词 EVIAN（其本义为“水”）赐给该镇做地名。为了保护这来之不易的天赐礼物，法国政府还特别立法规定：依云水源地周边 500 千米之内，不许有任何人为的污染存在。

1978 年，法国药学院经过严格的取样分析、化验，认定了依云矿泉水的医疗功效，肯定了依云矿泉水是世界上唯一的天然渗温泉水。

现在，因为依云矿泉水，依云小镇成为一个非常有名的旅游城市。靠水吃

水的依云人对水源地自然是无比珍惜。依云矿泉水的制造商将水源地周围的村庄组织起来，组成一个叫APM的协会，由协会出资保护环境、水源不受污染。

二、依云小镇的发展阶段：综合性度假区的兴起

依云小镇的发展可分为初期、中期与高度发展三个阶段（见图9-1）。初期阶段，因依云水奇迹般地治愈了肾结石疾病，使得这里渐渐被大家所熟知，法国贵族名流开始聚集；中期阶段，进入20世纪以来，依云小镇设施不断完善，水疗中心等机构的成立使依云小镇成为水主题养生度假胜地；后期阶段，小镇成立会议中心，发展进入成熟阶段，并最终成为具有旅游度假、运动、商务会议等多种功能的综合性养生度假区。

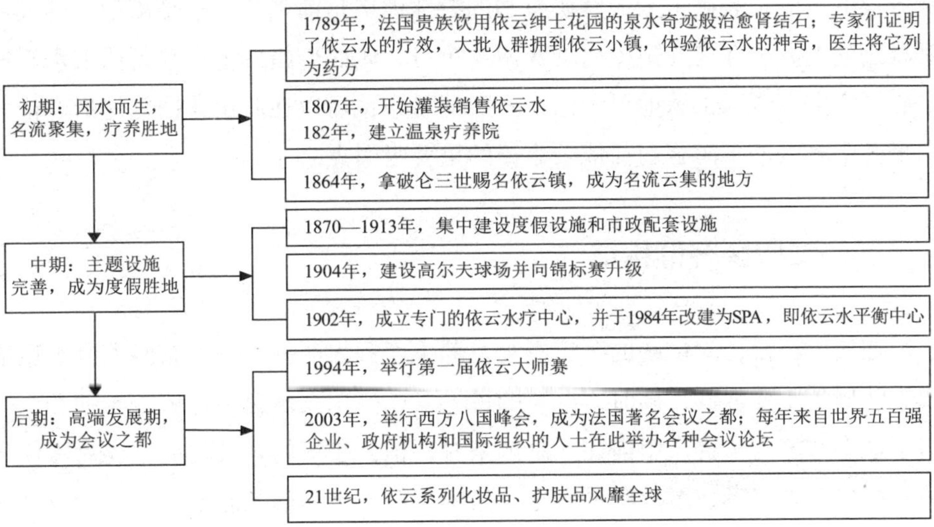

图9-1　依云小镇的发展历程

第三节　依云小镇产品特色：疗效神奇的依云水

一、依云水平衡中心

1824 年，第一家温泉疗养院在依云小镇建立。1902 年，专门的依云水疗中心成立，并于 1984 年改建为 SPA，即依云水平衡中心。在这个中心里，你可以轻松享受依云天然矿泉水的神奇力量：依云水平衡中心所用的水都是依云水，在按摩浴缸里你可以尽情放松，有专业的按摩师根据病痛的部位对你进行全方位的按摩，装满依云天然矿泉水的游泳池更是前来依云水平衡中心的人们喜欢去的地方。在婴儿出生后的 3 至 9 个月，妈妈们带着宝宝来到依云水平衡中心，宝宝在依云水泳池里游泳，产后的母亲也可以在此迅速恢复体形。依云水平衡中心是众多游客前往依云小镇的重要吸引点之一。

二、度假区客群构成

在依云小镇，除传统的医疗康复及养生度假人群外，商务旅游人群也逐渐成为区域的主要客群；同时，每年的世界女子高尔夫球赛事即依云大师赛也吸引了众多游客与参赛选手前往。总体来看，依云小镇的客源构成主要为常住居民、高尔夫爱好者、医疗康复人士、休闲度假人士和商务旅游人士。

三、度假区功能布局

法国依云小镇滨湖地带建设了旅游休闲集中区，位于腹地的小镇中心和度假服务区提供度假和居住的服务配套，形成四季皆宜的养生度假区。

滨湖旅游休闲区主要包括：游艇码头、湖滨休闲广场、博彩中心、滨湖休闲道；小镇中心包括：火车站、体育场、教堂、学校、旅馆、工业区、居住社区；度假服务区包括：依云水平衡中心、依云水厂、影剧院、酒店、餐馆、酒吧、广场、游客服务中心、度假物业、高尔夫球场；旅游板块包括：乘船到附近日内瓦、洛桑、蒙特勒观光游览，或者乘直升机飞至勃朗峰滑雪。

旅游小镇和旅游度假区一样，必须进行功能分区，不能到处建设服务设施，这是一项很重要的原则。在进行功能分区时，首先要考虑旅游吸引物的构建和保护，其次要考虑交通以及服务设施的便利性，最后要考虑旅游度假区的滚动发展问题，不能在客源市场不足和建设资金没有到位的情况下在所征土地上全面撒网，要留下一定的土地用于未来的建设。依云小镇通过构建多元的配套设施，逐步形成融矿泉水制造、美体保健、商务会展、旅游观光以及户外运动为一体的产业体系；在每个区域都有特定的服务设施提供，不仅形成良好的社区关系，而且也让游客得到最充分的体验。

四、产业组合与升级

（一）产业组合

法国依云小镇通过构建多元的配套设施，逐步形成融矿泉水制造（依云镇70%的收入与矿泉水有关）、美体保健（健康管理、温泉疗养、美容中心、矿物医疗中心）、商务会展（会议中心、赌场）、旅游观光（观光码头、滨海广场、山地缆车、水上湿地花园）以及户外运动（高尔夫、滑雪场、游艇码头）为一体的产业体系。

1. 发展优势产业

依云水是依云小镇的第一产业，小镇根据依云水绝佳的治疗效果成立了“依云水治疗中心”，主要提供依云天然矿泉水SPA、专业按摩治疗服务、母婴游泳和产后体形恢复等服务。

2. 发展旅游业

神秘的传说故事、舒适温泉疗养、复古法式建筑、浪漫的小镇鲜花，让依云小镇文艺气息十足，小镇居民将浪漫与风情贯穿于小镇的建筑中，将小镇打造成了一个安宁祥和、闲散安逸的文化旅游小镇。

3. 发展体育产业

依云大师赛是国际女子职业高尔夫巡回赛最高赛事之一，其举办地正是这座因依云水而享誉全球的法国小镇。1994 年，世界女子高尔夫球第一届依云大师赛在这里举办，成为小镇的地标。依云还是温网、美网、澳网的官方赞助商，世界四项网球大满贯赛事中，依云赞助了三项。

4. 形成产业链闭环

利用特色自然资源与优势产业资源，形成产业链闭环。从初期疗养胜地，发展为水主题养生度假胜地，最终发展为聚旅游度假、运动、商务会议等多种功能为一体的综合性养生度假区，依云小镇逐渐形成了一个产业链闭环。

依云小镇最初是因矿泉水而出名，随后依靠矿泉水逐步打响依云小镇的知名度，通过建设依云水平衡中心，打造最专业的温泉疗养，并结合系列配套服务设施与当地优美的自然环境，举办依云大师赛等，使得依云小镇成为国际知名的养生度假区。

（二）产业升级

依云小镇以水资源为依托，以高端健康管理项目带动区域进入养生度假高级阶段，逐步建立完善的度假功能体系，同时实现了产业链的延伸和发展。

1. 18 世纪末 19 世纪初

这一阶段以矿泉水销售为主，专家们专门分析并证明了依云水的疗效。

2. 19 世纪中期

打造美容保健的核心功能，建立温泉疗养所，成为名流云集的疗养胜地。

3. 19 世纪末 20 世纪初

修建主体设施，完善配套设施，不断增加功能以实现功能复合，渐渐成为度假胜地。

4. 21 世纪

举办高尔夫球大师杯国家大赛和各种国际会议，研发销售美容产品，成立美容教育机构，产业不断升级。

第四节　经验总结与未来展望

一、依云小镇经验总结

近年来随着旅游市场的逐渐成熟，旅游消费的需求也有了新的变化，文化性和休闲性成为旅游消费的趋势，旅游小镇因其集合了文化体验、娱乐休闲、度假生活等多重旅游功能，而成为时下深受热捧的产品类型。依云小镇作为著名的国际养生度假区，为我们提供了经验参考。

（一）山水风光的典型代表

依云小镇背靠阿尔卑斯山，面对着莱芒湖，湖面水雾氤氲，湖水蜿蜒曲折，山色葱茏苍翠，犹如世外仙境般远离污染，整个城市安宁沉静，如一幅优美的风光画。优越的自然资源是依云小镇的一大特色，依云小镇属于自然资源依托型的风景小镇，远离都市繁华，却不乏市井里弄的韵味，虽偏居一隅，却从不乏人气。度假小镇的自然风光是影响旅游者选择的重要因素之一，开发者应当在初期进行一定的筛选，并要制定好相关的环境保护政策，使得度假小镇的优美环境得以可持续发展。

（二）具备核心吸引物

依云水，保持小镇“特色”的鲜明性。经过了长达 15 年的天然过滤和冰川砂层的矿化，依云矿泉水包含了天然、均衡、纯净的矿物质成分，适合人体需求，安全健康；在此基础上，依云矿泉水与依云 SPA 成了依云小镇的两大传奇；正如上文提到的，依云水的功效多样，能很好地满足养生旅游人群的需要；同时，当地制定政策与成立各种协会保护依云水，让依云旅游度假区可持续发展。

依云水是依云小镇的最大特色。度假小镇正是有自己的特色才得以在度假市场中脱颖而出。度假小镇的特质在于“特色”，魅力在于“特色”，生命力同样也在于“特色”。因此，保持小镇“特色”的鲜明性，是非常重要的原则。

小镇特色的打造，主要遵循以下四个原则。

（1）保持鲜明的地域特色。例如，特色小镇若是靠近河湖，则其打造应体现“水乡”的地域特色。

（2）保持鲜明的产业特色。度假小镇的打造，应把所在地的产业优势糅合进去，着力培育支柱产业，或“农”，或“林”，或“渔”，形成自身的特色产业。

（3）保持鲜明的生态特色。如在环境设计、建筑设计、资源的利用和保护、循环经济等方面都要注入“生态”理念。

（4）保持风格的独特性。不同区位、不同模式、不同功能的小镇，无论是硬件设施还是软件建设，都需要与其产业特色相匹配，一镇一风格，不重复、不趋同，确保特色的唯一性。

（三）建筑独特，城市布局精妙

依云小镇历史悠久，有许多保存完好的典型的19世纪法式建筑，与其产业特色相匹配，形成了依云小镇的又一吸引点；同时小镇布局科学，依据资源特点布局的多个区域分工明确，游客可以根据自身需要进行选择，对当地居民也不会造成干扰，有助于形成良好的旅游社区关系。

（四）大型节事营销

依云小镇每年举办各种赛事活动，如依云大师赛。作为国际高尔夫传统赛事，依云大师赛可谓国际女子职业高尔夫巡回赛中赛事品质最高、竞技水准最强、媒介影响最大的比赛之一，与美国女子公开赛并列成为LPGA锦标赛奖金最高的赛事。在这座因依云水而享誉全球的小镇中，俏丽的“红粉佳人们”在纯净淡雅的依云水映衬之下，挥杆舞动在草地上，让依云大师赛成为名副其实的“粉红巡回赛”。依云小镇有海拔500米高的高尔夫球场，是法国历史最悠久的球场之一，建在一片森林地带。1994年，第一届依云大师赛在这里举办。每年的依云大师赛都会吸引众多参赛者参加，依云大师赛已走过28年的漫长历程，其间，依云品牌不断地将这一运动普及给更多人，更将依云矿泉水的天然、纯净、年轻、健康的品牌价值与产品保证带给更多消费者。为了将这一份健康承诺完美传递，依云大师赛于2010年完成赛事会晤营运的碳足迹评估，并于2011年首次引入与2012年伦敦奥运会相同标准的国际环境保护标准，以降低在能源、运输等方面产生的资源浪费和环境污染。

节事营销是众多度假区进行宣传的重要手段之一，依云小镇也不例外。大型的节庆活动可以吸引众多人的关注，提高知名度，提高产品的销售力与品牌形象。

二、依云小镇的未来展望

未来，休闲度假与旅游养生将会越来越热门，成为人们出行的首选之一。在此背景下，依云小镇应抓住机遇，争取做到以下几点。

（一）主题化开发，自然与人文相结合

文化是度假小镇的“灵魂”，是区别于其他度假区的重要因素之一，游客也倾向于选择具有深厚历史人文底蕴的小镇进行度假休闲。依云小镇“水”主题非常明确，也因此成为吸引游客前往的重要因素。用一个核心主题，体现整个小镇的文化灵魂的主题特点，这是常规的手法，但主题文化不一定是单一主题，可以通过梳理文化，以打造主题文化为重点，通过多元文化整合延伸形成旅游小镇，把多元文化景观化、建筑化、娱乐化。在旅游产品开发过程中应引入文化元素，开发多样化文化旅游产品，形成文化旅游产业群。在空间意象的营造中，应将文化元素融入建筑、道路、装饰，体现当地文化特色，营造可打动游客的文化意象，从而提升度假小镇的认知度。

（二）充分体现休闲化业态

用休闲业态聚集带动小镇的人气与商气。目前，在休闲时代大趋势下，各种商业业态逐渐从传统趋向休闲，从时尚用品到户外运动装备，从休闲餐厅到主题酒吧，从SPA美容到健身俱乐部，从休闲画廊到数字娱乐，从旅游服务

到度假酒店……休闲已不再只是消费行为的点缀，而是成为商业业态发展的大势所趋。

（三）特色化生活

旅游小镇与旅游景区的一大区别是小镇作为一个在城镇化体系中的区划单位，其休闲集聚结构延伸出多维的居住结构（城镇化人口居住、服务人群居住、度假居住等），针对性强的特色化生活方式是对多维居住结构受众的最大吸引力。可以通过对文化主题在小镇衣、食、住、行、劳动工作、休息娱乐、社会交往、待人接物等物质生活和精神生活各个角度的延伸，营造和展示不同的生活模式，吸引游客并使生活方式形成新的景观。

（四）信息化管理，与高新技术相结合

旅游信息化是当前旅游业发展最为显著的特征之一。旅游资源整合、设施建设、项目开发、市场开拓、企业管理、营销模式、咨询服务等领域已经广泛应用现代信息技术，从而引发了旅游发展战略、经营理念和产业格局的变革，带来了产业体制创新、经营管理创新和产品市场创新，改变了旅游产业的发展方式。总之，技术型融合使旅游业提高了技术含量，为旅游业注入了新的活力。

（五）保护优势资源，坚持可持续发展

依云小镇成立各种保护协会并采取一系列措施保护依云水，这是非常值得借鉴的。养生度假小镇的自然资源是影响游客做出决策的重要因素之一，具有特别疗效的资源度假小镇，更要做好资源保护的工作，使生态系统良性循环，实现可持续发展。

（六）消费结构的多元化

进入泛旅游产业时代，旅游业与其他产业的融合产生可能性。旅游市场最突出的变化之一就是区域内原有的单一形态的观光旅游产品对旅游者的吸引力有所下降，旅游者对目的地的消费需求，从浅层次单一化的需求演变成涵盖旅游多个要素的综合需求。那些摆脱单一功能，能为旅游者提供独特而丰富的旅游体验的综合性旅游目的地，越来越受欢迎。旅游者渴望在目的地获得集知识

性、体验性、娱乐性为一体的多重旅游体验。消费结构的多元化促使旅游小镇的内部空间结构重新划分，以多重功能导向的空间布局成为一种发展趋势。消费档次和结构的多样化需求，是未来旅游消费的重要发展趋势。依云小镇不仅仅提供依云水，还应有各种产品来丰富消费者的选择；旅游度假小镇需考虑不同消费群体在消费层次、消费种类方面的多样化，依据不同的人群打造完善的产品体系，让尽可能多的旅游者获得最大限度的满足，增加其主动驻留时间，并且为今后的可持续发展留下良好的基础和广阔的空间，这是旅游小镇未来发展的必然趋势。

（七）注重体验性项目的建设

在休闲时代，人们不再满足于简单的物质享受，而是希望在此基础上获得精神愉悦，这些都使体验之风盛行。把旅游产品的开发置于体验经济的背景下，迎合了时代发展的需要。旅游者的参与意识，要求度假小镇能提供更多体验性项目，使旅游者能体会到作为参与者和主角的趣味。纵观世界各地经营成功的旅游小镇，其吸引众多旅游者甚至全球眼光的旅游项目都具有较强的体验性。例如，依云小镇利用水资源优势，推出温泉、SPA 等疗养项目；还有一些小镇利用周边良好的自然环境，推出自驾游、森林观鸟、森林瑜伽等，将休闲体验的价值链不断延伸。参与性的设施、活动能将旅游者留在旅游小镇，并成为能产生较高消费的主要吸引物。因此，度假小镇的发展趋势，也需顺应消费者的需求，加强体验性、参与性旅游项目的建设。

第十章

德国巴克罗新根温泉小镇——黑森林中的康养胜地

巴克罗新根温泉小镇位于德国最温暖的地区之一——施瓦茨瓦尔德区，海拔约 233 米。1911 年，小镇的第一处温泉被钻探出来，从此小镇开始向康养胜地发展。如今，小镇因其先进的医疗技术、独特的温泉浴场、美丽的自然景观、完备的基础设施等优势吸引着络绎不绝的游客，每年有超过 60 万的游客在此过夜，当地居民人均年收入可超 80 万元。

第一节　巴克罗新根温泉小镇概况：被森林环绕的疗养度假胜地

一、地理区位：重要交通枢纽

巴克罗新根温泉小镇位于德国西南部黑森林地区，莱茵河上游地区，距弗莱堡南部 15 千米，是弗莱堡的次级城市中心，与施陶芬市共同构成首位城市，其邻近城市从北顺时针方向依次为：莱茵河畔布莱萨赫、蒙青根的弗莱堡区、沙尔施塔特、埃伦基兴、施陶芬布莱斯高、海特斯海姆、埃施巴赫和哈特海姆。弗莱堡至巴塞尔铁路线的开通以及巴勒米卢斯机场的建成使得巴克罗新根成为重要的交通枢纽。小镇四周被森林环绕，鸟语花香，绿树成荫，别有天地。

二、占地面积：占地面积大，森林绿地多

小镇占地面积为 35.66 平方千米，其中森林 6.6 公顷、绿地 18 公顷，有 6 个公园，其中有 1 个城市公园总面积约有 40 公顷，是各个年龄阶段游客的疗养度假胜地。

三、发展历程：康养胜地的成长三阶段

一些考古发现表明巴克罗新根地区早在新石器时代就有人类居住。前基督

教时代，凯尔特人和梅洛文加人在此定居。很长一段时间里巴克罗新根属于奥地利的布赖斯高地区，并且当地领主不断更换。1805 年《普莱斯堡和约》将其割让给巴登。1911 年起，小镇开始作为疗养地发展。如今的小镇已经享誉全球，但小镇的康养业发展并不是一帆风顺的，从 20 世纪初到现在，经历了繁荣、衰退、复苏三个阶段。

（一）繁荣

1911 年，工人在此处开采石油时，意外发现温泉，经过测量发现此处的温泉蕴含丰富的矿物质，且上层水温是人体泡温泉的适宜温度，从此小镇开始发展温泉疗养业。最初沐浴在功能齐全的单人或双人小屋的搪瓷浴缸中进行。此外，澡堂有一个所谓社交池，这是巴克罗新根的第一个运动池，面积近 30 平方米。并且规定在洗澡后必须休息一小时，以达到最佳的愈合效果。1929 年，日光浴厅开放。由于小镇临近弗莱堡、巴塞尔、米卢斯等城市，且是轨道交通重要的交通枢纽，很快就迎来了大批游客前来体验。德国将疗养地分为矿物温泉及泥浴浴场、克奈普疗养浴场及疗养地、海滨（疗养）浴场、气候疗养地，小镇属于第一种。同时德国新的医疗制度也促进了小镇的发展，医疗制度规定，病患在有医生处方的前提下可以在此接受 3 周的温泉疗养。这种制度为小镇带来了充足的客源，从此小镇疗养业开始蓬勃发展，产品与服务不断扩充。

（二）衰退

然而 20 世纪八九十年代，德国进行医疗体制改革，医生开处方越来越严格，医保政策也开始收缩，大量客源尤其是医保体系内的客源流失，且单一的温泉疗养产业不足以支撑原先大量建造的医疗配套设施，小镇发展陷入僵局。为了打破这一僵局，小镇于 1994 年开始推行“巴克罗新根疗养地”市场化，通过一系列针对市场、服务、产品等的政策，促进小镇转型。

（三）复苏

小镇在 20 世纪末进行转型后，迎来了复苏。通过开发新的目标群体、提升服务水平、延长产业链、打造特色项目、丰富文化活动等措施，吸引了一大批新的游客前来。为增加小镇活力，吸引年轻游客，小镇还开展了许多文化娱乐活动。这一系列的措施，及时拯救了小镇，使小镇旅游业再次复苏、不断发展，直至拥有今天的地位。

四、小镇现状：康养产业发达，设施齐全，活动丰富

小镇现有人口约 2 万人，劳动人口约 6000 人，超过 60% 的劳动人口从事以健康产业为主的工作，14% 左右的劳动人口从事生产类行业，21.7% 左右的人口从事贸易、交通及酒店业。从通勤情况来看，有 4000 多人从周边地区前往巴克罗新根工作，也有 4000 多人从巴克罗新根前往周边地区工作。为了方便出行，市民成立了“巴克罗新根市民巴士协会”，市民巴士和普通巴士差别不大，都是按照时刻表在有执照的路线上运行。市民巴士的特别之处在于它“为市民开车”的座右铭，市民巴士由志愿司机驾驶，常常通往商业交通不通行的地区。现在市政系统中有小学、中学、音乐学校、特殊学校、市民大学以及市立博物馆、图书馆、剧院、老年人关怀中心、邻里帮助咨询站等公共服务机构，还有保龄球馆、网球场、滑板公园、射箭场等运动场地。该地区还是贸易、商业、服务和创新生产领域的中小型企业的集合区。如今的小镇已经是世界著名的温泉康养度假目的地，每年有超过 60 万的游客在此过夜，平均逗留 7.3 天，年创收约 1 亿人民币，人均年收入可超 80 万元。小镇每年都会定期举办活动（见表 10–1）来丰富市民和游客的生活。

表 10–1　巴克罗新根的定期活动

日期	活动名称
4 月	莫扎特音乐节
	施塔特草莓和芦笋节
	春季音乐会
6 月	维塔经典之夜
	老歌之夜
	普世教会节
	城堡节
7 月	高山岩石之夜

续表

日期	活动名称
8 月	Vita Classica 马展
9 月	花园博览会
	健康博览会
11 月	秋季跑

第二节　巴克罗新根温泉小镇发展理念与机制

一、小镇发展理念：黑森林中的康养胜地

（一）康养旅游意义和内涵

康养旅游是现代旅游业发展中新出现的一种旅游形式，指通过养颜健体、营养膳食、修心养性、关爱环境等各种手段，使人在身体、心智和精神上都达到自然和谐的优良状态的各种旅游活动的总和，是以良好的物候条件为基础，以旅游的形式促进游客身心健康、增强游客快乐感受、落实游客幸福预期的专项度假旅游。

康养旅游的内涵包括康养物候基础、康养需要和诗意地栖居三个层次，分别对应马克思历史唯物主义幸福观的人的三个层面，人的不同层次对应的康养旅游内涵不同。物候基础或者环境是康养旅游的根基条件。康养需要是康养旅游的内在动力，也就是从事康养相关的“自由自觉的活动”。诗意地栖居是人类追求幸福的终极目标，也是康养旅游的终极目标①。

（二）黑森林中的康养胜地

包围小镇的黑森林位于巴登－符腾堡州，占地面积约为 11 400 平方千米，因为这里森林密布，又有德国最大的山脉，因而被喻为黑森林。根据森林密

① 任宣羽 . 康养旅游：内涵解析与发展路径［J］. 旅游学刊，2016，31（11）：1-4.

度，黑森林被分北、中、南三部分，从巴登 - 巴登到弗罗伊登施塔特是北部黑森林，是由大量松树和杉树组成的原始森林，树木枝繁叶茂、郁郁葱葱，森林中还有一些湖，如今已被开发成旅游景点。从弗罗伊登施塔特到弗莱堡是中部黑森林，这里有很多传统木舍。从弗莱堡到德国和瑞士的边境是南部黑森林，这里有许多草地牧场。在森林中还存在着玻璃吹制、管风琴制造、打铁和制革业、钟表业等传统手工业[①]。小镇位于黑森林中间，拥有得天独厚的自然条件和丰富的温泉资源，小镇通过合理规划布局和合理利用资源、锁定目标人群、发展丰富业态等方式致力于将自身打造成黑森林中的康养胜地。

二、小镇发展机制：以温泉疗养为核心，发展多种形式医疗康养服务

小镇靠温泉资源而兴起，也因温泉疗养而闻名全球，小镇的发展不局限于温泉疗养这一种形式，在发展温泉疗养的同时，也积极发展了医疗、桑拿、按摩、沐浴、健身等康养活动，极大地丰富了游客和居民的体验。目前，小镇以温泉疗养为核心，主打维塔经典（Vita Classica）等温泉浴场，同时还投资建设各类沐浴按摩馆、桑拿馆、餐厅、酒店等，不断丰富现有业态。此外小镇还积极与其他地区合作，开展医疗研究，尤其是关于心脏方面的研究，现在已经取得了不少成果，来自巴克罗新根的专家多次在世界著名期刊上发表文章，也常赴其他国家参加学术研讨会议，分享研究成果。小镇还充分利用自然资源，推出徒步旅行、骑行等活动，给游客与大自然亲密接触的机会。小镇如今已经形成了以温泉疗养为核心，发展多种形式医疗康养服务的机制，将多功能疗养中心、优美的自然景色、地道的传统美食、独特的手工艺品、舒适的住宿酒店、别致的葡萄酒庄园完美地融合在了一起。

---

① 森林康养？！德国黑森林为什么成为全球著名的康养胜地呢？[EB/OL].（2019-08-19）[2022-09-29]. https://www.sohu.com/a/334698348_509371.

第三节　巴克罗新根温泉小镇发展现状

一、小镇目标客群

（一）医疗康复人士

自 1911 年以来，医疗康复人士就是小镇最主要的目标客群之一，在得到医生的处方后，人们在此进行康复治疗，在舒缓的矿物温泉中沐浴。这里的矿物温泉水是欧洲碳酸浓度最高的水之一，具有放松身心、康复疗养的作用，是水疗和康复措施的重要组成部分。此外 1965 年在巴克罗新根成立了贝内迪克特·克罗伊茨康复中心，该中心已发展成为德国最现代化的心脏中心之一，为众多心脏病人提供治疗和康复的机会，还会支持康复者重新融入职业。针对医疗康复人士，小镇建设了众多沐浴室、桑拿和温泉馆，除此之外小镇内还有几所专业康复医院和康复诊所。

（二）家庭

20 世纪八九十年代，受医疗改革的影响，传统医保客户群体数量大幅度减少，小镇开始将私人客户及家庭客群作为新的重要目标群体。为此，小镇进一步开通与周围黑森林之间的线路，推出蒂蒂湖、施卢赫湖等适合家庭出游的目的地，并在湖周围打造了世界森林游乐园、足球场、高尔夫球场等[①]。此外，为吸引家庭客群的留驻，小镇还打造了专门面向家庭客群的高档酒店式疗养公寓。

（三）老年人

小镇拥有索南海恩退休和疗养院、南布赖斯高护理基地等疗养院。为关注老年人的需求，小镇成立了老年公民委员会，当地移民局也为老年人提供了专

① Reisetraum-schwarzwald. Interessante Orte für Familien mit Kindern［EB/OL］.（2022-09-29）［2022-09-29］.https://reisetraum-schwarzwald.de/schwarz-wald/familie/.

门的老年移民咨询服务，小镇还有奥蒂塞伊公园基金会、阿布斯塔兹基金会等专门为老年人成立的基金会。小镇聘请了专业的家庭医生、老年护理人员、水疗医生提供医疗和养老服务，保障老年人的身心健康。因其发达的医疗条件、完善的社会机构、优美的自然风光，小镇吸引了许多老年人来这里度假或养老[①]。

二、小镇发展业态

（一）医疗业

医疗业在巴克罗新根有着悠久的发展历史，小镇内有众多专业医生（哈罗伯克曼、哈默尔曼等）、专科医院（黑森林老年专科医院、黑森林神经专科医院、黑森林骨科专科医院、贝克博士外科医院等）、睡眠中心（布莱斯部睡眠中心等）、理疗诊所（特蕾西亚诊所、布赖斯高诊所、拉扎里特霍夫诊所、黑森林诊所等）、康复医院（布莱斯部骨科与风湿康复医院、拉扎里特霍夫糖尿病专科与康复医院、巴登风湿专科与康复医院等）。其中最著名的要数弗莱堡－巴克罗新根大学心脏中心和布莱斯部睡眠中心。

弗莱堡－巴克罗新根大学心脏中心拥有约1500名医生、护士和其他员工，有心血管外科、心脏病学和血管科、先天性心脏缺陷和小儿心脏病科、心血管医学研究所，还提供心理学、临床药理学治疗，是德国最大、最著名的心脏中心之一。他们研究环境和生活方式对疾病发展的影响，并寻找预防方法。每年约有22 000名住院病人和43 000名门诊病人在这里接受治疗。2017年我国南方医科大学深圳医院与该中心合作成立了“深圳－德国弗莱堡大学心脏中心”，旨在中德合作，进一步提升心血管外科临床和基础研究水平。

1995年布莱斯部睡眠中心正式成立，它是一家有名的特色睡眠诊疗医院，医院通过多导睡眠图、携带式记录装置等为病患提供全方位的诊疗服务。诊疗疾病包括睡眠感觉障碍、倒时差或夜班等引起的睡眠障碍、打鼾、阻塞性与非阻塞性睡眠呼吸暂停症、猝睡症等。客人既可以选择半住院制服务（可傍晚入

① Bad krozingen. Senioren，Inklusion und Ehrenamt［EB/OL］.（2022-09-29）［2022-09-29］.https://www.bad-krozingen.de/Sozialmanagment.

住，晚上检查，次日早晨出院），也可在周末进行检查[①]。

小镇内几乎所有的康复诊所都为他们的患者制定了个性化的治疗理念，没有处方的情况下，客人可以参加碳酸浴、淋巴引流；有处方的情况下，可以参加功能训练、温水体操等。除此之外，客人还可以根据自己的需求购买健康包产品，体验系列治疗与康复产品。

（二）康养业

随着社会发展，人们越来越重视身心的健康，康养业随之不断发展，巴克罗新根小镇就因其完善的康养业而著称于全球。其中包括了老年护理、沐浴按摩、桑拿与温泉、体育课程与健身。

1. 老年护理

巴克罗新根气候宜人，医疗设施众多，文化设施丰富，是老年人的理想居住之地。小镇建立了几所护理基地、退休和养老院，提供门诊和护理服务，当地还有许多社会组织，专门为老年人提供便利服务。

2. 沐浴按摩

独特的沐浴文化是小镇的特色。小镇的沐浴文化吸收了全世界各地沐浴文化的精华，客人在其他任何地方都获得不了如此真实而舒适的体验，其中最著名的就是印度浴、日本浴、土耳其浴和摩洛哥浴。印度浴服务员首先给客人提供阿育吠陀健康理疗，理疗会给客人提供足浴，提供头部、肩部和手臂按摩、阿育吠陀全身按摩，然后客人可在印度花园的木浴缸中放松身心。日本浴服务员首先会给客人进行清洁和去角质，之后客人可以在原始的巴克罗新根矿泉水中放松身心，享受全身按摩，然后前往日式休息区、蒲团或竹园放松身心。土耳其浴服务员会邀请客人体验东方洗涤仪式，在加热的大理石上享受水射流、去角质、沐浴露、按摩和保湿的舒缓护理，佛手柑和玫瑰花瓣的香味以及东方音乐将充斥整个房间。在摩洛哥浴中，客人可以尽情享受奢华的氛围，体验真正的柏柏尔按摩。柏柏尔按摩是全身的密集按摩，这种特殊的技术只能从生

---

① 德国特色小镇之巴德克罗钦根［EB/OL］.（2019-01-29）［2022-09-29］. https://www.sohu.com/a/292271252_120066051.

活在撒哈拉沙漠的柏柏尔人、图阿雷格人那里学到。这种传统护理采用两种世界上最优质的护理产品进行：摩洛哥坚果油和藏红花。摩洛哥坚果油提取自摩洛哥坚果，具有抗氧化、促进血液循环和增强免疫力的作用；藏红花，具有镇静、解痉和改善情绪的作用。除了沐浴按摩，还有身体裹敷、泡泡浴、温泉浴场、深度放松等服务。

3. 桑拿与温泉浴

小镇也是一个桑拿天堂，这里桑拿设施设备齐全、种类丰富。有喜马拉雅桑拿、草药桑拿、全景桑拿等，同时还配备了温水池、游泳池、休息室、日光浴平台等。

根据泳池的不同，温泉浴的水温在 29℃ ~36℃，矿物质含量超过每升 4000 毫克。这里的水是欧洲碳酸浓度最高的水之一，碳酸的细小气泡通过皮肤直接作用于血管和神经，可刺激血液循环。

4. 体育课程与健身

小镇为客人和当地居民提供了一系列体育课程和健身场地与器材。比如水上自行车、普拉提、水上力量、水族圈、减肥课程、水上跳跃、婴幼儿游泳课程、三维圆周运动、老年运动、水中慢跑等。还有针对背部、关节以及各种疾病的治疗课程。

（三）旅游业

小镇的医疗康养业带动了小镇康养旅游和其他类型旅游业的发展，小镇的旅游业不是完全独立发展的，通常与周边保持密切的联系与合作。小镇所在城市弗莱堡推出了不同类型的精品旅游团，使游客更好地游览当地。近年来比较著名的要数“与 BBQ 的城市之旅”，在旅途中 BBQ 女士不仅会为游客介绍弗莱堡的景点与历史，还会与游客谈论各种有趣逸事、城市八卦，在诸如圣诞节这样的重要日子还会有更多的活动[①]。除此之外，还有穿越黑森林的文化之旅、从巴克罗新根到明斯特塔尔的远足活动、与当地人一起探索弗莱堡之旅、巴克

① Get Your Guide. Freiburg: Betty BBQ Christmas Tour [EB/OL]. (2022-10-01) [2022-10-01]. https://www.getyourguide.com/freiburg-l22/freiburg-betty-bbq-christmas-tour-t229360/.

罗新根周边徒步旅行、葡萄酒徒步旅行等旅行团活动，为了方便来自不同国家的游客，旅行团除了提供德语讲解，还会提供英语、意大利语等语言讲解，并且提供游玩、住宿、餐饮一体化的服务。小镇时不时会与其他公司进行合作，举办花园展等活动。小镇还推出了不同种类、价格的度假套餐，满足游客的不同需求。小镇的旅游业不是单独发展的，而是与黑森林共同发展，黑森林因其得天独厚的自然与人文条件，目前已经形成一些较为知名的景点。

1. 贝尔琴

每年约有 300 000 名游客来贝尔琴游览，这里是黑森林南部最受欢迎的度假和游览目的地之一，风景优美，视野开阔。天气好时，站在贝尔琴山上，甚至可以眺望到阿尔卑斯山。它如此受欢迎不仅因为它美妙的景色，还因为它拥有许多稀有动植物，在这里可以看到许多稀有的蝴蝶、甲虫和鸟类。

2. 穆梅尔湖

穆梅尔湖位于黑森林北部，在塞巴赫市区的霍尼斯格林德山脚下，是黑森林中非常受欢迎的游览目的地，被陡峭的山坡所环绕。穆梅尔湖是黑森林中为数不多的保存完好的冰川喀斯特湖之一，位于海拔 1032 米处，面积约 3.7 公顷，长约 270 米，宽约 170 米。当地有许多关于穆梅尔湖的传说，最著名的要数美人鱼和水下王国的传说。

3. 拉文纳峡谷

拉文纳峡谷是赫伦塔尔的一个侧谷，有许多瀑布、桥梁、石拱建筑，是徒步旅行者的天堂。拉文纳峡谷内最大的两个瀑布是落差高度约 16 米的大拉文纳瀑布和落差高度约 6 米的小拉文纳瀑布，是众多游客的打卡地。

4. 巴登城堡

巴登城堡是位于布赖斯高—霍赫施瓦茨瓦尔德区巴登韦勒温泉社区中间的一座山顶城堡的废墟。它海拔约为 455 米，被认为是巴登韦勒的地标。城堡有近千年的历史，其间几易其主，如今为了保护城堡废墟，展现历史文化，城堡对游客开放。在城堡的天守阁上眺望，可以看到黑森林以东，以及米尔海姆镇以西、莱茵河平原和孚日河。

5. 弗莱堡大教堂

大教堂的建造始于 1200 年左右，于 1513 年完工。大教堂的西塔有 116 米高，是欧洲第一座哥特式塔楼。教堂内的玻璃历史悠久，极具美学色彩。此外，弗莱堡大教堂共有来自不同世纪的 19 个铃铛、4 个管风琴，每年都有无数的游客来到大教堂，聆听铃铛和风琴的声音[①]。

6. 诺纳姆马特韦赫湖

诺纳姆马特韦赫湖位于休布龙附近，是一个由大坝筑坝的湖泊，泥炭岛漂浮在湖泊的水面上，岛上有浅沼泽和过渡沼泽的植被，但是禁止游客进入该岛。如今诺纳姆马特韦赫是一个受欢迎的沐浴和远足目的地，夏季在此游泳十分凉爽舒适。

（四）餐饮业

随着小镇康养旅游业的发展，配套设施不断完善，小镇的餐饮业也蓬勃发展。小镇内除了提供当地的特色美食，还有东欧、中东、印度、中国、地中海、墨西哥、日本、希腊、拉美等各地美食，有街边小吃、酒吧、酒馆、餐馆、啤酒花园、咖啡吧、冰激凌店、比萨店等各式餐饮业态，充分满足了不同游客的需求。在官网上比较受欢迎的餐厅有斯托申餐馆（Storchen Restaurant）、洛温（Loewen）、迪皮乌（Dipiù）、科孚（Corfu）、阿姆塞尔霍夫比萨店（Pizzeria Amselhof）、猫头鹰镜（Eulenspiegel）等。在水疗区、泳池边等地也设置了餐饮区，顾客可在此品尝各种美食。小镇也有许多厨师因其高超厨艺而出名，有些顾客还会慕名而来。除此之外，小镇所在的黑森林地区地域开阔，阳光明媚，气候温暖，非常适合红葡萄生长，因此这里是德国顶尖的红葡萄酒产区，有众多知名葡萄酒酒庄，这些酒庄还获得了许多国际奖项，游客在此可以品尝到世界一流葡萄酒，亲身感受葡萄酒的文化。

---

① Eisetraum-schwarzwald. Sehenswürdigkeiten und Ausflugsziele [EB/OL].（2022-10-07）[2022-10-07] .https://reisetraum-schwarzwald.de/schwarz-wald/sehenswuerdigkeiten/.

（五）住宿业

小镇内拥有各种酒店、出租公寓、度假屋等，除了有电梯、升降梯、健身器材等设备外，还配备有残障人士通道，根据客人的需求，可以配备相关护理服务。各种住宿的预订也十分方便，顾客基本都可以在巴克罗新根的官网上进行预订。双人房的价格在 50 欧元到 200 欧元不等，顾客可以根据自己的经济状况自行选择。

（六）零售业

巨大的客流量意味着巨大的消费需求，巴克罗新根的零售业共有 150 多家商铺，卖场面积约为 2.5 万平方米，其中三分之一分布在中心城区。为了促进零售业和其他业态的协同发展，当地政府近年来不断促进零售业的发展，提升零售业品质，如增加商铺类型，引入更多年轻时尚类商品、品牌产品、电子、家居以及运动设施等。之前零售区和疗养区之间存在着一定的距离，不利于二者的协同发展，但现在当地政府已经意识到了这个问题，当地政府正在努力打通疗养区与零售业中心之间的通道，缩短二者间的距离，以推进二者相互促进、协同发展。近两年来，小镇零售业受到了疫情的冲击，为了确保零售和区域企业能继续生存，小镇将目光转向了网上销售，将产品和服务投放到网络销售平台。

三、空间布局：河流、道路纵横交错，设施、建筑均匀分布

假日和温泉小镇巴克罗新根位于弗莱堡以南的黑森林边缘，在马克格拉弗勒地带，周围有黑森林、玉米田、烟草田。小镇内有多条河流，诺伊马根河流经该镇，然后流入比恩根附近的默林，在布赖萨赫流入莱茵河。沿河流地区、小镇西北部、西南部分布着森林、绿地公园。零售业主要集中在中心城区，疗养区在中心城区的周边，靠近黑森林区域。小镇街区、城区内部巴士通行道纵横交错，每隔一段路就有一个巴士站，路边还设有加油站。沿南北方向和东西方向分别有两条长长的自行车道，居民和游客可以通过骑行从小镇城区抵达郊外的森林、绿地。从巴塞尔到卡尔斯鲁厄的铁路沿西南到东北方向横穿小镇。私人住宅、酒店、饭店、咖啡厅、出租公寓、药房、露天浴场、邮局等被这些

铁路和公路线路所环绕，呈现块状聚集。停车场、公共电话、公共厕所、无线网络信号、信号灯等设施在小镇均匀分散分布。公园、绿地中有一些休息设施。

总的来说，巴克罗新根的空间布局很合理，绿地沿河流分布不仅可以保护河流也给绿地带来了充足的水源；城区与森林保持一定距离，有利于对森林自然环境的保护；中心城区到森林绿地的道路主要为自行车道，不仅不污染环境，而且可以达到锻炼身体、康养的目的；中心城区零售业、私人住宅和酒店的聚集给游客和当地居民都提供了很大的便利；交通线路纵横交错，交通十分便利。

第四节　巴克罗新根温泉小镇发展经验总结与未来发展建议

一、小镇发展经验总结

（一）根据自然条件设立基础设施

巴克罗新根的发展经验表明疗养地的发展首先需要具备一定的自然条件，如气候适宜、环境优美，或是拥有如温泉、绿地、森林等资源。在自然条件的基础上设立基础设施，再根据自身特色拓展完善相关设施，逐步发展壮大。巴克罗新根就是在森林、温泉资源的基础上建立温泉浴池和疗养公园，然后引入医疗康复机构、养老机构，推出满足不同需求的康养产品和服务，并充分利用周边城市的资源，为小镇带来大量高质量的医疗资源，进一步促进了小镇的发展。

（二）拓展目标群体

巴克罗新根和许多其他的案例地一样，发展过程中会遇到政策瓶颈或是经历周期性变化，这个时候就需要及时做出调整、拓宽客源渠道来应对风险。20世纪八九十年代，整个德国温泉疗养行业因政策变更走向衰落，巴克罗新根通过拓展目标群体，开发针对新目标群体的多样化产品和服务，并通过各类新型、综合性套餐等营销方式赢得市场，不仅成功地渡过了难关，还实现了自身发展模式的转型。如今的温泉小镇不再只是医疗康养胜地，也是家庭出游、老年人养老的好去处。

（三）特色产业与其他产业相融合

产业融合是指不同产业或同一产业不同行业相互渗透、相互交叉，最终融合为一体，逐步形成新产业的动态发展过程。巴克罗新根可以在众多康养地中脱颖而出很重要的一个原因就是小镇将康养业与医疗、旅游、餐饮、住宿、零售等业态相结合，即通过产业间的互补和延伸，实现产业间的融合。它给游客带来了便利的一体化服务，既保留了小镇最突出的特色，又通过产业融合和产业创新的连锁反应，使得康养产业结构得到转换和升级，增强了小镇区域之间的联系水平，提高了小镇的竞争力。

（四）满足当地居民的多种需求

旅游地长远的发展离不开当地居民的支持，小镇必须满足当地居民的多种需求。巴克罗新根很好地做到了这一点，小镇是集经济、地方政治、文化、社会、教育、休闲娱乐等诸多市政功能于一体的综合体。小镇为当地居民提供了便捷的交通、充足的文体设施和场地、公园绿地，同时居民还可以享受到健全的养老体系以及旅游发展所带来的收益。因此巴克罗新根的发展获得了当地居民的支持与配合，居民愿意配合和支持巴克罗新根旅游的发展。

二、小镇未来发展建议

（一）加强政策支持

当地政府应出台相关政策，激励、支持、引导小镇相关产业发展，如在规划布局、产业发展、公共设施建设等方面提出建议和操作指引，着眼于小镇发展特色所需提供支持，健全公共性、平台性产业配套设施。

（二）构建职业培训体系和创业扶持体系

巴克罗新根的发展带来了大量的护工、医师、健身教练、按摩师等岗位，可以通过构建职业培训体系，提高创业者和劳动者技能素质，既为当地居民提供更多的就业机会，也保障小镇的发展有充足的人力支持。同时建立创业扶持体系，鼓励居民创业，增加居民创业的商机，提升居民的参与积极性，也有更多的机会扩大小镇业务范围。

（三）拓宽旅游融资渠道

加大温泉小镇招商引资力度，通过举办旅游产品的促销会、展览会来吸引档次较高、牵动力强、辐射面广的龙头企业投资小镇的项目，同时，要拓宽旅游投融资渠道，探索多维立体的投融资发展模式。政府出头建立投资奖励机制，促进形成更好的旅游发展大环境。设立旅游发展专项基金，并将该基金用于市场调研、旅游推广、人才培养、旅游设施建设等。

（四）加强区域营销

积极举办旅游推广活动，扩大对外营销。通过资源共享和差异化发展，产生 1+1>2 的效应，已成为旅游地的重要发展模式，充分利用黑森林资源与周边城市医疗资源，建立战略伙伴合作关系，努力实现资源共享、线路互连、客源互送，在主要的旅游景点和温泉浴场之间开通专线巴士，加强区域营销。

（五）办好节庆活动

小镇每年都会定期举办各种活动，如莫扎特音乐节、老歌之夜等，为了强化小镇的旅游品牌建设和旅游形象传播，进一步提升旅游品牌形象的影响力、吸引力，小镇可以制定活动体系，在原有的基础上凝练出小镇形象将其对外宣传，从而吸引更多的人前来。

（六）加强资源管理

疗养地的发展离不开一定的自然条件，优质空气、水体、气候、森林植被等是必备条件，巴克罗新根就是依赖温泉与森林资源发展起来的，在温泉资源开发利用过程中要树立可持续发展观念，既要满足消费者的需求，又要避免破坏自然环境，坚持保护优于开发的原则，避免资源的过度开发，努力做到资源的持续开发和长远利用。对此，小镇可以建立资源开发与保护体制，通过制定标准实现小镇经济效益、社会效益与环境效益的协调统一。

（七）打造智慧康养服务体系

利用网络平台，线上、线下合作发展，推进医疗康养服务、旅游项目的顺利推进。充分结合大数据、人工智能、云计算等科学技术，为游客提供更加高效、便捷、科学、智能的服务，提升游客的满意度[①]。

（八）深化“1+N”的开发模式

“1+N”模式是以温泉为依托，将医疗、康养、庆典、旅游、商务、度假等融为一体的开发模式。小镇目前已经形成了“温泉＋医疗、康养、旅游”的模式，还可以继续深化，采取“温泉＋庆典＋疗养度假＋生态休闲”的综合开发模式[②]。

（九）营造和谐社交氛围

康养旅游经常具有社交性质，康养旅游者经常与亲友结伴出行或是期望在度假休息过程中感受舒适、良好的人际交往氛围或是期待在旅途中扩大交际圈。因此应构建融洽的社交环境，通过设定具有针对性的康养社交活动促使游客获得他人认同、增进交流[③]。

---

① 陆明洁.基于SWOT分析的剑门关“森林—温泉”康养小镇发展策略研究［J］.西部旅游，2021（07）：27-28.

② 黄颖.从化温泉镇发展策略研究［J］.山西建筑，2017，43（06）：41-42.

③ 何莽.基于需求导向的康养旅游特色小镇建设研究［J］.北京联合大学学报（人文社会科学版），2017，15（02）：41-47.

第十一章

四川洪雅七里坪国际度假区——北纬30°上的一大奇迹

得益于较好的地理位置，七里坪在开发时并没有受太大的限制，其建设发展脚踏实地，一步步发展。七里坪在自身优越的资源条件下，以最大限度保留原生态的开发建设理念贯彻度假区的建设始终，打造适宜康养的众多产品，赢得了市场与口碑。

第一节 概况与资源特色：寂静小山村的成长

一、度假区概况

（一）自然地理概况

七里坪位于四川眉山市洪雅县高庙镇，地处峨眉山市和眉山市的交界处，目前是四川省省级旅游度假区。七里坪距峨眉山景区零千米处 3.5 千米，距金顶 26 千米，距国家级森林公园瓦屋山 58 千米，海拔 1300 米左右，占地面积 12 平方千米，森林覆盖率达 90% 以上，年均温度 18℃，自然资源丰富，生态环境优美，气候资源优势突出，具备优良的避夏暑、赏冬雪的休闲度假开发条件。

值得一提的是，从自然地理的角度看，七里坪属于峨眉半山，但历史形成的特殊行政区划使它属于洪雅县。因而七里坪从未列入峨眉山景区范围，也未列入世界遗产保护范围，因而才有了后续开发的可能性。

（二）度假区的升级蜕变史

1. 寂静山村的蜕变

七里坪的名字得名于其地处的长约七里的半山坪地面，是一处隐于云山间的烟笼雾绕的大台地。良好的空气环境质量、极佳的避暑条件、可供开发建设的开阔场地、三山环线的交通区位优势、未经污染的天然生态环境、峨眉山深厚的文化滋养，七里坪占尽天时地利。七里坪的美，仿佛为瞩目而生[①]。

2007 年 8 月 28 日，时任四川省省长蒋巨峰亲自主持签约的项目，将七里

① 罗东哲. 做好“山水”文章，七里坪打造全域旅游风景网［N］. 衢州日报，2016-08-17（003）.

坪列为省政府重点招商引资项目，并明确：比照省政府重点项目对待，享受绿色通道。洪雅县委、县政府也确立了“依托峨眉、融入三山、面向四川”的格局。然而对于“一张白纸”的七里坪，资金问题仍然迫在眉睫，洪雅县在引入企业开发之前，委托四川大学旅游学院精心编制了《七里坪国际休闲度假旅游区规划》。随后招大引强，先后引进四川金杯集团、峨眉华生、四川汉龙、成都索安 4 家企业进行投资。巨额的资金投入解决了旅游基础设施投入的难题。企业为主导后，规划和开发更加专业，七里坪的旅游之路也越走越宽。

从此，这个以竹木产业为主要收入来源的寂静小山村，走上了蜕变之路。项目开始仅三年，村民年人均纯收入就从 2000 多元增加至 10 000 元。

2. 迅速成长

经过 10 多年的发展，峨眉半山七里坪项目已成为当今国际国内屈指可数的大型旅游度假区和旅游地产项目。总规划面积达 10.18 平方千米，拟建面积达 100 万平方米左右，总投入不少于 40 亿元人民币。

项目总开发周期为 6~8 年，其中一期主要是风情小镇（南区）的开发，由四个度假村落、一个商业中心、户外运动基地、运动温泉会所构成，面积近 25 万平方米。二期为高尚山地运动板块，由高尚山地运动场、高尚山地运动会所、高尚山地运动度假房、企业商务会所、超五星山地主题酒店、国际会议中心等构成，拟建面积约 50 万平方米。三期为北部文化商务小镇，主要由艺术家村落、商业娱街、休闲会馆、乡村花园、温泉休闲中心等组成，拟建面积约 25 万平方米。形成“白天山地休闲运动、夜晚小镇风情体验”“夏天休闲避暑、冬季温泉赏雪”的基本休闲度假模式。

3. 转型升级，七里坪的晋升之路

2009 年，七里坪真正公之于世。随后的几年来，七里坪历经三次转型：七里坪 1.0 版，避暑是主题；七里坪 2.0 版，养生是主题；七里坪 3.0 版，康养是主题。对于七里坪而言，每一次转型就是七里坪曾经走过的一个脚印，它们见证了七里坪从四川省逐渐辐射向世界的攀登之路。

（1）七里坪 1.0——避暑：立足省内，放眼全国

项目伊始，按照“政府主导，企业主体”的思路，以打造“避暑养生胜

地”为目标，启动七里坪国际休闲度假旅游区建设。峨眉半山七里坪海拔 1300 米左右，最适宜人类居住度假。这里全年气候凉爽，尤其是夏季，非常适合避暑养生度假。据检测，盛夏时节，七里坪气温比成都、乐山等市区低 6℃~8℃，夏季平均气温基本在 24℃。七里坪的避暑条件，可以与三亚的越冬条件相比，可按国际的旅游、度假、避暑标准，将七里坪打造成全国一流的避暑标杆与旗帜，实施“冬去三亚海湾，夏来峨眉半山”的中国候鸟式度假生活。

（2）七里坪 2.0——养生：立足全国，放眼世界

七里坪有天然的养生条件，海拔 1300~1500 米的黄金养生区域，空气清新，负氧离子含量高于市区 200~400 倍，植被茂密，空气中富含多种名贵的中药材成分，水质清凉无污染。以自然条件为依托，度假区建设了度假酒店、养生公寓、花园洋房、温泉会所、风情小镇、户外运动基地等设施，已成为融避暑休闲、度假居住、温泉养生、美食购物、户外运动等为一体的中国山地度假区。

（3）七里坪 3.0——康养：国际化初露头角

2015 年 1 月 14 日，国家发改委国际合作中心正式授牌成立了峨眉半山七里坪国际抗衰老健康产业试验区，目的就是在峨眉半山七里坪这个天然的养生长寿之地制定出中国对于抗衰老健康产业领域的标准。作为未来的抗衰老养生长寿地，峨眉半山七里坪受到了全国上下的关注。借机开展的国际抗衰老健康产业论坛也将“东方阿尔卑斯山”的名字，留给了世界。

二、资源特色

（一）资源稀缺而不可复制

七里坪资源的稀缺在于其共享峨眉山山水体系。1996 年，峨眉山被联合国教科文组织评为世界文化与自然双重遗产。峨眉山是中国四大佛教名山之一，以佛教文化的独一无二和世界之最，达到世界文化遗产的评选标准。同时，峨眉山具有仙山灵蕴，其环境天下秀美，“雄、秀、神、奇、灵”的景致，让天下的游客为之倾倒。对峨眉半山七里坪的业主来说，他们将分享世界文化与自然双重遗产。在半山坪地，可以仰观金顶十方普贤金像，感受佛教传统文

化；亦可以坐享仙山灵蕴，享受稀缺的自然资源，润肺滋体，修身养心。

（二）避暑养生条件优越

峨眉半山七里坪处于中国北纬 30° 上，是又一奇迹之地。提起北纬 30°，世人便会想起地球上的神秘地带：有沙漠中的金字塔，有海洋里的百慕大……这个地带藏着地球和宇宙的秘密，无人破解。北纬 30° 上有着诸多奇迹，长寿传奇、神童传奇、复活传奇等。北纬 30° 总赐予生命更多奇迹，让世人为之着迷又无限向往。峨眉山中有 1600 多种药用植物，3000 多种高等植物，2300 多种动物，这足以说明峨眉的仙山灵蕴，其神奇的地理和独特的气候，孕育着生命的奇迹。

随着城市化进程的不断加快，空气质量的恶化成为威胁人们生活乃至生存的重大问题。而七里坪因植物丰富多样，PM2.5 的数值极低，空气质量良好，是天然的氧吧。

（三）七里坪五宝

第一宝：凉爽而四季分明的温度。因地处半山，七里坪海拔约为 1300 米。最适宜人体的温度是 24℃，24℃时人的荷尔蒙分泌、心率、新陈代谢等都会十分和谐，让人感到十分舒适。但 24℃在自然气候中出现的天数并不多，很多地方仅在春季和秋季偶尔出现，可遇不可求。而七里坪不同，这里夏天温度低于城区 5℃ ~8℃，最高温度不超过 28℃，平均温度 24℃。所以夏天避暑的最佳选择莫过于七里坪，这里有适宜人体的温度，低温区的人寿命长，常住七里坪可以抗衰老。

第二宝：富含生命因子的“薄荷空气”。七里坪的森林覆盖率达 90% 以上，加上峨眉山被称为植物王国，空气中弥漫着抗癌、长寿的微量元素和生命因子，因而闻起来有一股淡淡的薄荷清香。负氧离子被称为“长寿素”“空气中的维生素”，大于 1200 个 /cm^3 就对身体的康复及治疗具有极佳的效果。一般城区的数值是 300~500 个 /cm^3，而七里坪空气中的负氧离子含量却达到 60 000~80 000 个 /cm^3。

第三宝：优质医疗矿泉水。七里坪水质纯净，富含偏硅酸、锶等微量元素，呈弱碱性，长期饮用可以调节人体酸碱平衡，促进新陈代谢，增强免疫力。

第四宝：无污染腐殖土。七里坪土壤中无任何农药残留和重金属污染，种植的蔬菜水果达到有机食品标准。

第五宝：罕见阳山。七里坪因独特的位置、朝向等被认为是阳气汇集之地，是全国罕见的阳山。常住七里坪可以滋阴补阳，提升精气神。

第二节　度假区建设运营体系：为让一木，退避三舍

一、"从一而终"的开发模式

好的产品离不开良好的开发模式。对比国内度假地的开发，七里坪的开发可谓"从一而终"。七里坪度假区由四川金杯集团一家进行整体开发，这种开发模式保证了规划的统一性、开发风格的统一性和开发配套的完美性，同时，避免了恶性竞争，保证了开发的品质和公共配套的足够投入。开发过程中更不会出现像国内其他景区那样"这家几十亩，那家几百亩进行零散开发"的现象。有专家认为，七里坪这种整体开发模式，完全可以像当年总结碧峰峡旅游开发模式一样，总结为七里坪度假区开发模式。另外，七里坪度假区的开发坚持和谐开发的原则，充分照顾和体现当地老百姓的利益，让当地老百姓共享七里坪开发发展的成果。据了解，在开发前，七里坪村民年人均收入比较少，而今天他们有了比较丰厚的收入，而且人人均可就地打工，800多名符合招工条件的当地村民，已经在七里坪从事保安、保洁、酒店服务等工作，个别人已经走上高管岗位。为做好七里坪拆迁安置工作，四川金杯集团按照当地党委、政府要求，专门规划建设了3个小镇进行拆迁安置，每个小镇均按乡村度假小镇标准进行建设，安置户自建房和还房均是底商上住，多余的住房均可按乡村客栈模式经营，七里坪拆迁户不仅能够搬进环境和居住条件更好的新家，而且可以获得稳定的收入来源，解除后顾无忧。

二、最大限度保留原生态的开发建设理念

为了不辜负七里坪稀缺的资源和优越的条件，四川金杯集团从一开始就立志将七里坪打造成世界避暑养生目的地、中国首席山地旅游度假区、国家级旅游度假区。因此，他们一开始就聘请由美国、英国、法国、加拿大、新加坡和中国 6 个国家的精英组成的策划团队进行策划，聘请美国 HZS、加拿大 DGBK 等国外一流的有经验的设计团队进行规划设计，无论是空间还是平面布局，无论是建筑风格还是外观风貌，无论是度假配套还是游览设施，都达到了世界先进水平。3 年多来，他们始终按照原生态、国际化、高品位的理念进行打造，十分讲求理念的落地互动，建设过程中十分注重环境的保护，有时为让“一木”，建筑宁可“回避三舍”。现在度假区已经呈现的建筑风貌，广受业界好评。

三、国际化标准，高品位设计

七里坪国际度假区的整体规划参考了法国 AVORIAZ 滑雪度假区、美国 BLACKHOK 乡村俱乐部、瑞士 ANZERE 滑雪度假区、法国 PONT 皇家高尔夫及乡村俱乐部、保加利亚黑海花园、香格里拉大 MOTTE 等的模式，综合对比世界上著名的旅游度假胜地，综合各种地形的规划方案，终于找到了打造项目的国际标准。

景观设计上，聘请提供“一站式”全方位设计服务的全球十大设计机构之一的香港 JR 设计集团公司进行规划设计。优秀的审美品位打造了符合七里坪自身诉求的自然、生态类的各种景观小品。

四、配套设施

虽然说度假养生地的环境相当的重要，但由于度假养生的人群通常居住的时间较长，所以如果最基本的生活起居都不方便，那么就会让度假变成一种负担，养生则更谈不上了。鉴于此，峨眉半山七里坪自 2009 年以来，先后建设了温泉酒店和七里坪风情小镇两大配套设施，最大限度地解决了客户常住度假

的问题，让客户可以长时间地沐浴在零污染且具有疗养作用的自然环境中；同时，高性价比的价格，让峨眉半山七里坪迅速成为众多客户度假养生的首选。5 年间，七里坪的房屋价格翻倍，且年年销量领衔整个四川旅游度假地产项目，造就四川每卖出 10 套度假房，6 套都是峨眉半山七里坪的佳话，这便是峨眉半山七里坪深受客户认可的最好证明。希尔顿酒店的入驻也加快了景观大道的呈现，更是为峨眉半山七里坪锦上添花，在完善配套的同时又增加了一处绝美的景点，极大地丰富了峨眉半山七里坪的度假养生生活。

五、度假功能强大

七里坪配套有高尚山地运动、温泉、小镇、户外运动大本营、山地湖泊、酒店集群、康疗中心、健康中心、养心精舍、云台书院、禅修酒店等一系列度假养生设施。现在已经投入运营的半山温泉是国内十分难得的锶硫温泉，其锶的含量十分富集，达到国家优质天然矿泉水即医疗热矿泉水标准。尤其在冬天，在雪地里泡温泉将是省内十分难得的景象。已经开工的超五星森林神话养生庄园酒店，充分借鉴了巴厘岛、迪拜、三亚等地山野奢侈酒店的建设模式和理念，将打造成具有国际吸引力的温泉酒店。已投入使用的户外运动大本营，可开展拓展训练、真人 CS、山地车、山地自行车等活动。区内步行道，或栈道、或石子路、或青石路，蜿蜒起伏，清幽宁静。已全面投入运营的七里坪首个风情小镇——七里镇，建筑错落有致，一步一景，各有洞天，酒吧、餐厅、茶肆、小吃、购物等一应俱全，吸引了无数人的目光。如今，七里坪已初具度假区雏形，住宿、会议接待均已完善，七里坪已经成为具有吸引力的四季度假胜地。

六、四大养生体系打造多元康养体验

峨眉半山七里坪打造了包括环境养生、生物医疗养生、文化艺术养生以及个性体验养生的四大养生体系。其中，环境养生和生物医疗养生将把七里坪的自然资源利用到极致，不仅让客户能够更好地养护身体，还能检查和排除自身更深层的问题，同时，通过建立的专业机构对七里坪的神奇之处进行深入研究，最终利用研究成果真正达到让人们延年益寿、减缓衰老的神奇功效。而文化艺术养生和个性体验养生则从人文生活和人居体验出发，通过文学、书画、音乐、农耕文化体验、森林旅游等方式，极大地丰富峨眉半山七里坪的度假养生生活，让客户能够在养生的同时更好地静心养心，从而使身体恢复到最好状态。

第三节　度假区产品特色：山居禅意

一、常居型旅游地产

七里坪度假区项目是著名的旅游地产项目，景区周围分布着不同层次的别墅、住宅区等。随着游客对于精神层面享受的逐步重视，休闲旅游已经从传统的景点观光向“慢活、养心”过渡。于是，以峨眉半山七里坪为代表的依托周边丰富的旅游资源而建的，融旅游、休闲、度假、居住为一体的旅游地产便应运而生。在开发建设过程中，峨眉半山七里坪始终坚持旅游业和房地产业的无缝嫁接，呈现出更好的自然景观、建筑景观以及完备的配套功能，打造了常居型旅游地产。

作为四川著名的度假风景区，峨眉半山七里坪国际度假区每年都吸引着络绎不绝的外来游客。随着人们消费需求的提高，传统走马观花的观光型旅游已不能满足游客的需求，“第一次观光，第二次度假，第三次买套房子住下”也已成为峨眉半山七里坪的真实写照。

旅游风景区所拥有的良好环境和美丽风光无疑是稀缺性资源。在旅游风景区购买一套住房，就是拥有一份稀缺性商品。七里坪地处峨眉山中山段，每立方厘米负氧离子含量高达 60 000~80 000 个，相当于城市空气中含量的 400 倍。此外，峨眉半山七里坪有着最原生态的溪谷栈道、半山风情小镇、稀有锶硫温泉等旅游场所，在峨眉半山七里坪拥有一套住房，无疑是一件赏心乐事。

旅游活动和旅游地产火爆的同时，七里坪在配套设施建设上同样用足了心思。除去基础的度假养生设施，七里坪正在塑造的是一种全新的生活方式。区内清幽宁静的步行道路及慢跑步道对养生人居的概念产生了新的启发。

随着开发建设的不断深入，峨眉半山七里坪所打造的不仅是一个风景区，而且是一种新型的度假方式和生活方式。许多游客在峨眉半山七里坪不是短暂停留，而是长时间地旅游消费，大大促使了峨眉半山七里坪向常居型旅游地产发展的步伐。

二、禅意文化底蕴

人们常说“禅心如水”，禅是一种若有若无的境界。

峨眉半山七里坪在道佛两家思想的汇集点上，文化气氛十分浓郁。

依托峨眉天下秀和佛教四大名山之一的海内外名气，在峨眉山建设有文化底蕴的休闲度假旅游区成为一种势在必行的趋势。

峨眉半山七里坪，地处峨眉山和瓦屋山之间，以其独特的地理区位，占尽道家文化和佛家文化的精华。峨眉与瓦屋，并称蜀中双绝，拥有峨眉山、乐山大佛、洪雅瓦屋山国家森林公园和雅安周公山等著名旅游景点。峨眉山是世界自然与文化双重遗产地，是中国四大佛教名山之一及 5A 级风景区，沉淀了千年的佛家思想。四川作为道教发源地，瓦屋山与鹤鸣、青城同为道教之源，道家的道法自然的思想也在此体现。

七里坪修建了一条木栈道，叫“森林养生禅道”（又叫森林栈道），长约 1.5 千米。森林养生禅道位于七里坪海拔 1300~1400 米处，在面积近万亩的珍贵针叶林——柳杉森林之中。该处负氧离子含量高达 60 000~80 000 个 /cm^3，释放着由 1600 多种纯天然药用植物混合散发出来的富含抗癌康养因子的薄荷空气。

森林养生禅道周边绿植丛生，在一派自然和谐的景观之中，人们或做瑜伽，或打太极，或品茗于满眼翠绿彻骨的美景之中。到了夜间，游客们只要身处禅道中一处名为“夏夜萤舞”的景点，便能欣赏到由无数萤火虫带来的梦幻奇境。森林养生禅道还在继续建设中，其后期规划中，最具特色的便是禅道周围将建造不少小木屋，为游客提供别具特色的森林 SPA 和禅修体验，让参与者身、心、灵在林中得以净化，犹如出尘于世外。

三、中国阿尔卑斯山、世界抗衰老目的地

七里坪先后挂上了“国际抗衰老健康产业试验区”“中医药养生与抗衰老产业示范基地”等牌子，正全力创建“国际旅游度假区、世界抗衰老目的地”。

由国家发展改革委国际合作中心主办的 2015 中国首届峨眉半山七里坪国际抗衰老健康产业发展论坛，于 10 月 18 日至 22 日在峨眉半山七里坪国际抗衰老健康产业试验区举行。来自中国、美国、意大利、韩国等国家和地区的专家学者聚集于此，探讨抗衰老健康产业核心议题、最新趋势等。论坛讨论围绕“世界前沿生物医学与抗衰老”“生物抗衰老结合中医抗衰老——科学抗衰老大革命”两大主题，对“生物抗衰老及中外临床中的干细胞应用”“中医抗衰老与生物抗衰老相结合”等议题进行了延展性探讨；国内外权威领域专家提供的专业、翔实的讲解与分享，增强了人们对抗衰老健康产业的认识，促进了行业内的互联互通。此外，现场还展示了中医药抗衰老产品与成果。

在国务院关于促进健康服务业发展的若干意见指导下，七里坪成为我国首个抗衰老健康产业试验区项目。试验区业务范围包括医疗服务、健康管理、中医药服务、休闲度假、人员培训等，目标是发展一种以健康服务业为核心的产业模式。根据七里坪本地的自然地理气候特征，试验区全体采用仿旧式的青瓦白墙设计，峨眉山水相互掩映，绿植景观点缀其间，错落有致，与青山白云融为一体，宁静而不失趣味，身处其间，仿佛进入远离红尘喧嚣的世外桃源，真个是“闲看庭前花开花落，静观天外云卷云舒”的好去处。

四、绿色食品、七里饕餮

中国美食遍地，但七里坪却自成一派。七里坪所在的洪雅县绿色食品闻名古今，畅销国内外，去七里坪一定要品尝这些特色美食。杜甫“鱼知丙穴由来美，酒忆郫筒不用酤”，苏东坡“遥忆青衣江上路，白鱼紫笋不论钱”，就是吟诵洪雅的雅鱼和苦笋。而今在无污染的环境中繁殖优良品种，使洪雅成为得天独厚的绿色食品生产基地，雅猪、雅牛、雅笋、雅茶、雅鱼等畅销国内外。

土香腊肉锅，取材于海拔 1500 米的七里坪当地特有的“雅兰”猪肉，经农户长年自然熏烤，配以产自洪雅县当地蔬菜种植基地的纯有机青菜头，用七

里坪独有的养生“不老泉”水质烹制而成；该道菜不添加任何作料、辅料，以其老、腊、香的原汁原味赢得七里坪最受欢迎菜肴荣誉。七里串串鸡，取材于七里坪当地饲养的“高山鸡”鸡肉（而非传统的“跑山鸡”），经七里坪独有的养生“不老泉”烹制后，配以洪雅县当地蔬菜种植基地专供的纯有机青椒，泡制后的鸡肉肉质滑嫩、口味原真，原生态的气息在其中表现得淋漓尽致，是七里坪最具代表的菜品之一。藤椒熘鱼片，取材于著名的雅女湖畔独有的“雅女鱼”和七里坪高山采摘的鲜藤椒，经七里坪独有的养生“不老泉”烹制而成，口感滑嫩、椒香溢人，是七里坪绿色生态食品的代表之作。烤全羊，羊肉取材于七里坪当地饲养的“高山羊”，羊在饲养时一直吃七里坪无污染的青草，加上传统烤制方法，外部肉质焦黄发脆，内部肉质绵软鲜嫩，羊肉清香扑鼻，是冬季驱寒取暖的上佳食品。

来峨眉半山七里坪，不但可以在半山的天然氧吧中清心洗肺，还可以放心食用绿色养生食品，体验不一样的味觉盛宴。

五、养生、养心的文化艺术示范区

养身需养心，由内而外的身心协调统一是康养的最高境界。调控好心态，包括调控好思想、感情、情绪、意念等。人的心态需要保持平和，犹如人的体温必须保持正常一样。心的平和需要艺术的滋养。2015 年年末，四川省文联组织艺术家赴峨眉半山七里坪采风创作，为文艺惠民及“文艺创作培训基地”和“文化艺术示范区”活动授牌。

一方面，书画艺术家们来到七里坪园区，留下墨宝供大众参观。在七里坪国际文化交流中心提供的会场上，33 位书画家同时泼墨挥毫，模山范水，场面极其壮观，更有 3 位书画家同时为七里坪创作了一幅全景画卷，山水风光、花草禽鸟跃然纸上。

七里坪继承了峨眉山千百年佛道文化的精髓，并在此基础上顺应时代与社会的发展，将佛家的禅意修身与道家的阴阳调和融入自身开发建设之中，形成独特且深厚的文化积淀，七里坪“生物、中医、绿色”抗衰老健康产业的发展亦是在此文化背景下完成了其思路的延伸。

另一方面，为了弘扬峨眉山文化艺术和武术文化，七里坪成立半山艺术团，并建设了嘉州画院七里镇分院、书画院、一筋经武术会馆、森林养生禅道、全川首个以王子公主为元素的山地主题酒店及以熊猫为元素的主题酒店。而正在修建的希尔顿酒店也是全球首个以书画为主题的希尔顿山地度假酒店。在后期规划中，七里坪还会有云台书院和禅意精舍等众多文化艺术设施呈现。

第四节　未来发展方向：多元业态融合

一、保证生态环境可持续

七里坪国际度假区在国内外的知名度越来越高，到目前为止，景区内仍然保持着地广人稀的特点。但旺季造成的垃圾及废弃物仍然不容小觑。七里坪国际度假区自 2008 年开发以来，年接待游客已达 43 万人次，目前每天清理的生活垃圾近 20 吨，而一辆垃圾车的清理量为 9 吨左右，在旅游旺季根本无法满足垃圾清运的要求。为确保七里坪“生态、环保”“一尘不染、青山绿水”，七里坪国际度假区将在环保设施上下大手笔。

可购买新型的垃圾处理设备，如“低噪声、低排放、低污染、低消耗”的垃圾运输车，维持垃圾收集站的高效运转，解决七里坪国际度假区垃圾远程清埋、持久保持环境卫生的难题。

二、打造多流派有特色的餐饮产品

度假区内餐饮店数量较多，规划有小吃一条街，但大部分店主营的是一些家常菜，且相似度很高，菜系少，主要以川菜为主。而且，店内菜品的价格普遍偏高，在七里坪度假区的起步推广阶段设定的偏高的价格不利于度假区的品牌推广和口碑宣传。峨眉半山七里坪处于眉山与峨眉山的交界处，一方面，餐饮产品应体现出川菜的特色，特别应该把眉山和乐山最具特色的如跷脚牛肉、乐山烧烤、东坡肘子等美食引进来，同时也多引进川内其他著名的美食；另一方面，由于度假区面向的市场还包括国际市场，所以只有川菜是不够的，长时间的饮食不习惯会降低度假客人的满意度，所以餐饮产品应该涵盖法国、土耳其、中国这三大国际流派，特别是要注重品质而不是数量，这样方能够满足国际客人的特别饮食需要。另外，还应大力宣传招商，给予适当的优惠政策，让每个菜系、流派最具特色和潜力的餐饮店入驻七里坪。

三、开发灵猴主题、佛教主题的住宿产品

由于七里坪地处四川盆地又在峨眉半山上，气候潮湿，因而可以多采用偏暖的色调。七里坪依托峨眉山灵猴这个品牌，在进行室内设计时，可以向好多熊猫酒店学习，每套房间都有一个自己的名称、小主题；同时，应结合峨眉山特色文化，打造与现代思想结合的主题酒店。

四、布局合理、便捷的交通设施

目前度假区在交通方面存在诸多问题：在度假区外没有直达七里坪的专线汽车，游客到达度假区至少要换乘两次，相当麻烦；区内购入的观光车造型无特色，档次低，班次少；度假区内的慢行交通体系中步行道和机动车道没有明确的界限，有些道路又相对较窄；度假区内有一个观光自行车租赁点以及一个专业的山地自行车道，但是目前自行车可租赁的类型较少；到七里坪的公共交通只有一条线路，即从峨眉经零千米到洪雅的这一趟班车，途经七里坪，这条线的班车班次少，转车麻烦。便捷的交通是景区发展的必要条件之一。就七里坪的长远发展而言，应该尽快解决上述交通问题。应该在乐山、峨眉山、眉山车站增设直达七里坪的专线车；随着知名度的提高和游客量的增加，在成都的车站也可视情况增设专线车。度假区内的观光巴士应该分高峰期和低谷期班次，以及淡旺季班次，充分满足游客的出行需要。应完善慢行交通系统，明确标识机动车道和步行道界限，并设立自行车、电瓶车租赁点。

五、推广特色购物产品

七里坪国际度假区的购物场所主要有菜市场以及七里镇购物一条街。目前

菜市场规模小，设计单一，产品种类少，缺乏统一管理，整个菜市场略显脏乱无序。出现这种情况是由于七里坪景区还处于开发中前期，所以购物店还不多，对商品以及地方特产的开发还不够深入，随着项目的推进，购物板块会逐渐完善。

关于康体娱乐产品，目前七里坪度假区的康体娱乐项目较少，大都在建设中，如高尔夫球场、熊猫主题公园等，所以对此类产品的文化挖掘不够，尤其是对养生文化、佛教文化的打造，虽然有先天优势但是开发还远远不够。度假区内的旅游商品应主推与佛教文化、熊猫文化、灵猴文化、生态文化相关的产品，并具有峨眉山、眉山的地方特色，如峨眉竹叶青茶和雪芽茶，高庙白酒、中药材，佛像饰品、佛珠和展示佛教文化的玉佩及首饰，带有熊猫和灵猴的服饰、帽子、卡通玩偶、T 恤、钥匙扣等。

当然，除了特色旅游商品外，度假区内的商品还应该包含基础和常规性的旅游商品，目前七里坪度假区的购物店、便利店屈指可数，游客购买日常用品并不方便，所以在产品的开发和提升过程中，便利店应该以方便客人为导向布局，呈点状分布于各区域，客人便利的地方人流量也较大；而特色商品的门面店则应该集中分布在某个片区，同时还应有国际品牌的入驻，共同打造特色旅游商品购物一条街。

六、完善瑜伽、温泉养生以及体能恢复训练类康体产品

七里坪有着得天独厚的地理环境、气候资源和养生条件，应利用这些特色优势开发出修身养性的康体产品，与自然环境相融合。目前全国知名的温泉比较多，如南京汤山温泉度假区，云南腾冲温泉等。相比较而言，峨眉山的温泉知名度并不高，但其基础条件非常好，是少有的高品位氡温泉，水源来自地下 3000 多米的深处。所以七里坪在康体娱乐这个板块应重点打造七里坪温泉、七里坪瑜伽养生项目，以温泉、瑜伽和带有禅意的人文景观和自然景观为特色，将品牌定位为国际禅文化养生度假区中的温泉行宫。让游客在泡温泉和练瑜伽时进行禅修，身心得到彻底的放松。这样就可以突出温泉和瑜伽浓厚的文化色彩。同时可开设疗养院和身体调节、身体疗养恢复中心，以此拓展市场，增加更多的客源量。

健康养生旅游酒店篇

第十二章

奥地利 Xundheitswelt（健康世界）国际养生度假区

近几十年来，欧洲旅游业已经意识到健康养生旅游是一个很好的旅游热点，可以用来作为地区性旅游目的地概念植入。德国和奥地利成功开发了很多这样的目的地，包括身体健康、养生、心理健康、运动、预防医学等主题及以冒险为主的活动和其他主题。Xundheitswelt 国际养生度假区就是其中的典型代表之一。Xundheitswelt 国际养生度假区位于奥地利，毗邻捷克，是近几十年来崛起的新兴的大型区域型健康养生目的地[①]。

第一节　Xundheitswelt 概况

健康养生旅游目的地依地理面积的大小，可以分为以下五个级别：目的地型、城镇型、区域型、国家级型、洲际型。Xundheitswelt 属于区域型的健康养生旅游目的地。

“Xundheitswelt”这个名字意为“健康世界”。这是一个大型的区域型健康养生旅游目的地，定位清晰明确——自然、身体和心灵三者的健康，强调大自然的力量和相关疗法对于健康的作用。

该度假区使用的标语是“From nature，good for health and well-being”，意为“源于自然，为了身心健康”。

现在在欧洲，当人们谈论奥地利的健康养生目的地时，基本都会提到 Xundheitswelt。Xundheitswelt 从几十年前默默无名的小镇，到现在已经成为奥地利最为著名的健康养生目的地地区品牌。

① Xundheitswelt.［EB/OL］.［2022-10-15］. https://www.xundheitswelt.at/philosophie.html.

第二节　度假区的定位：自然、身体和心灵三者的健康

图 12-1 代表了 Xundheitswelt 国际养生度假区的定位和实施方法，由五个圆构成。

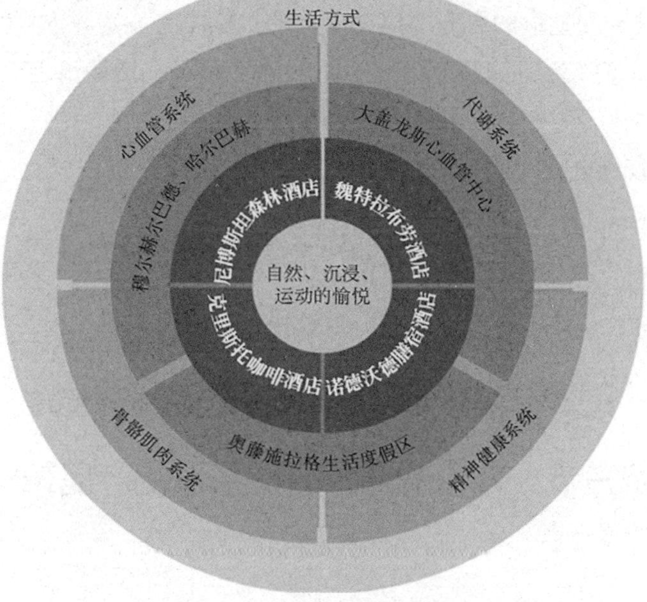

图 12-1　Xundheitswelt 的定位

中心的圆代表着目的地的核心价值观，表示着自然、沉浸和运动的愉悦。显示了这个目的地希望将健康和心灵幸福、同时服务于当地人和游客、室内和户外的活动有机整合在一起的理念。

第二圈的圆显示当地符合目的地定位的健康有机餐饮和住宿设施。

第三圈为提供疗愈服务保障的商家和机构。以预防为主的养生服务主要由穆尔赫尔巴德、哈尔巴赫（Moorheilbad、Harbach）提供，主要针对养生和休闲的需求，有温泉水疗以及一些替代性疗法和自然疗法，比如泥土裹肤等。医疗方面的服务由一个心血管疾病诊所大盖龙斯心血管中心（Herz-Kreislauf-

Zentrum Grob Gerungs）提供。奥滕施拉格生活度假区（Lebens Resort Ottenschlag）则帮助人们修正生活方式，有讲座、职业倦怠情况的预 防、性别医学、精神健康、关于健康相关主题的常规话题等。

第四圈为具体的疗愈服务方向，包括了骨骼肌肉系统、心血管系统、代谢系统、精神健康系统四大板块，对于服务于哪一个方面的疾病或亚健康状态阐述得非常明确。

最外层第五圈意为生活方式，表示最终这一切都归结于生活方式，而目的地提供的所有，都是希望帮助人们打造一种健康的生活方式。

运动、健身和塑形的服务不仅在以上的机构中有设置，人们在周围的自然环境中也可以享受到，目的地提供不同的健身场所包括徒步走道、自行车道、公园等，还提供了一个给职业运动员和健身者使用的中心。

Xundheitswelt 地区定位清晰明确，强调自然的作用，树立了直观鲜明的市场形象。Xundheitswelt 建立了系统性的“疾病—疗愈养生—持续健康”的完整产品构架，有力地支撑定位战略，让客户在目的地的感知和体验与其宣传中的形象一致，保证了养生目的地的良好口碑和长久发展。

第三节　定位的落实——系统的产品架构

Xundheitswelt 国际养生度假区的定位为自然、身体和心灵三者的健康，此定位的落实需要系统的产品架构来保障。Xundheitswelt 并不仅仅是在区域内设置一些简单的健康养生设施，而是最大化地挖掘了自然赋予的财富，在整个区域提供和整合以自然为基础的具有不同疗愈目的的设施。从疾病到养生到持续健康这段过程中，Xundheitswelt 提供的服务内容是多种多样的，包括高效治疗的医疗疗法、预防医学疗法、养生设施和休闲放松项目。

Xundheitswelt 从以下几个方面构建了系统性的完整产品构架，以此来落实定位。

一、良好的自然环境

健康旅游需要一个健康的环境。Xundheitswelt 提供自然的生活条件、完整的景观和高品质的有机食品，让他们的客人得到全面的医疗照顾。

Xundheitswelt 国际养生度假区位于瓦尔德威尔特尔，这个地区最大的财富就是其良好的自然环境。当地有着优美的乡村自然风光，生态环境良好。瓦尔德威尔特尔地区多山，山上大多是密集的林木，林间巨石遍布。在山脉间有一望无际的草地和农田，有着大面积的油菜花田和葡萄园。当地水资源丰富，山间随处可见瀑布、溪流。平原间还分布着大大小小的湖面、池塘和沼泽，湖边水生植物遍布，水鸟频繁出没，景色非常优美。

二、健康有机饮食和舒适住宿

在 Xundheitswelt，感觉、嗅觉、味觉等所有的感官都能得到享受。而最好的是：这里的食物不仅健康，而且口感也非常棒。所有参与工作的农民都按照有机农业的指导方针工作。食物的原材料都由当地生产，运输距离短，因此口味更加鲜美。为了确保农业供应充足，当地已经开始了一些新的生产线，如田间蔬菜和胡萝卜的种植。

在这里，你可以获得饮食方面的享受、纵容与体验。

享受：适当的营养对医疗保健有重要作用。因此，饮食享受属于真正完美的 Xundheitswelt 的一部分，“生态循环”的优质有机食品为此奠定了基础。

纵容：让顾客养尊处优，享受创意厨房精心准备的菜肴。你会惊奇地发现健康的味道是多么的美味。Xundheitswelt 的七个农场都有自己的菜单，它们的共同点是，将烹饪的乐趣和健康结合起来。

体验：饮食不仅仅是食物的摄入，更是一种多感官体验。在入住 Xundheitswelt 酒店期间，顾客可以在草药园或自然旅游中观察制作出美味佳肴的种植材料，还可以享受装饰摆桌、摆盘的过程。

住宿方面，在良好的自然环境中，Brauhotel Weitra 酒店和 Gasthof Pension Nordwald 酒店能为客人提供优质的住宿服务。

三、系统的疗愈服务体系

疗愈服务体系包括治病、疗养养生以及身心健康的生活方式的养成，具体来说，包括以下 4 种疗法。

医疗疗法：Xundheitswelt 与奥地利的医院和大学合作，保证了较高的医疗能力和水平。疾病的治疗主要涉及背部和脊椎、关节、疼痛管理、骨科术后康复、心血管疾病、精神康复等。

营养疗法：正确的饮食不仅仅是享受，也能防止许多疾病，促进个人健康。在这里，他们会了解客户的偏好并对他们做生物阻抗分析（身体脂肪和肌肉测量），同时提供建议：慢慢改变饮食习惯，但是不应该一次做太多的改变，一开始只做 1~2 个变化即可。

运动疗法：经常锻炼是健康生活的支柱之一。度假区与顾客合作，开发最佳的方式，将更多的锻炼带入顾客的日常生活，从而影响顾客的生活方式，让他们保持持续积极的状态。此种运动疗法推荐适度多运动。徒步旅行对血压有积极的作用，能增强腿部肌肉力量，提高免疫系统，并使人获得精神上的幸福感。重要的是不要运动过度，要注意个人的耐力。身体的适度张力，可以增强情绪，减轻压力。因此，徒步旅行是逐步改善自己健康的好方法。

心理疗法：在纯净的自然中放松，做点喜欢的事，纵容自己一下，减轻压力。相关的心理学家会提供咨询服务，会给出一些放松的方法，让顾客找到适合自己的方式来更加平衡地生活。

四、室内和户外运动休闲基础设施相结合

在这里，室内和户外运动设施齐全，你可以在其中发现运动的喜悦。

Xundheitswelt 有一个 Xundwärts 运动中心，在这里无论是初学者、业余爱好者还是竞技运动员，每个人都能找到理想的计划，而且会找到适合自己的不同类型的课程，通过这些课程，可以锻炼定向、控制、平衡、反应、节奏等技巧，提高身体灵活性，及力量、速度和耐力。

Xundwärts 坚持认为要积极参与体育运动，从中找到一种乐趣。在运动中心确定顾客的状况之后，中心的医生、运动科学家和治疗师团队将与顾客一起

制订最佳的培训计划。

五、培养和教育当地社区的健康价值观

Xundheitswelt 度假村除了自己提供健康养生的设施和服务外，还注重培育当地市场，使得当地人乐于享受目的地提供的设施和服务。他们将健康养生的价值观念传递给当地人，使其价值观念与度假村的价值观念相一致。

第四节　定位策略的启示

一、定位，定位，还是定位

“定位（positioning）”作为一种市场营销的重要战略步骤，于 20 世纪 60 年代在广告界兴起，而将定位应用于旅游目的地开始于 20 世纪 70 年代末期。开发目的地定位战略是开端环节，也是最为基础和关键的一环。

Xundheitswelt 国际养生度假区的定位为：自然、身体和心灵三者的健康。度假区定位策略的制定者认识到健康和心灵的幸福是硬币的两面，二者都非常重要，把它们放在一起才能创造一个成功的健康养生目的地。服务对象不仅瞄准游客还包括所有当地人，保证了在这里土生土长的人们认同这个目的地的概念，并且从中大大受益。

有一个清晰的定位非常重要，且需要持续通过各种渠道不断强化概念和教育市场。这就避免了类似“昂贵的俄国人小镇”这一问题的发生，缺乏明确定位和各种市场渠道的持续宣传和教育，使得捷克 Karlory Vary 小镇从“欧洲大陆的会客厅”沦为“昂贵的俄国人小镇”。

二、精心挑选、整合资源，保证目的地定位和客人实际体验相符

找准自身的资源优势和特色，有选择地整合资源，让目的地的产品在整个市场有鲜明的形象认知和辨识度，保证目的地的定位战略和客人的实际体验相符。健康养生目的地的定位，不仅需要辨别和了解已有的各类养生资源，更需要掌握成熟养生目的地的经验，知道如何有效地整合这些资源。养生资源的整合必须精挑细选，不能一味贪大贪全，后期筹备和推广的内容必须能够和客人所感知的养生体验相符，不落实处的定位势必造成客户感知和养生体验的落差，不利于市场口碑宣传。

三、培养和教育当地市场，使当地人的健康养生价值观和目的地的定位相一致

目的地养生理念与当地居民价值观相一致，对较大等级的健康养生目的地尤为重要。健康养生目的地与当地居民的关系十分微妙，表现出特定的“一荣俱荣，一损俱损”。当地居民受益于目的地的养生理念和服务，不仅使目的地拥有了近距离的市场基础，而且对客户体验和市场口碑也都能够产生积极影响。

第十三章

泰国奇瓦颂健康养生度假村——『世界最专业疗养胜地』

奇瓦颂健康养生度假村隶属于 HHOW 世界养生酒店联盟（Healing Hotels of the World），是世界最负盛名的疗养胜地之一，被英国著名杂志《旅行者》（*Conde Nast Traveller*，UK）评为“世界最专业疗养胜地”。

第一节　奇瓦颂简介

一、奇瓦颂概况

（一）地理位置

奇瓦颂健康养生度假村坐落在泰国华欣的皇家海滨度假村内，与芭堤雅隔岸相望，是泰国第一个豪华的目的地水疗中心。Chiva-Som 在泰语中是“生命的港湾”之意。奇瓦颂认为，持久的健康来自健康的生活方式。自创建起，奇瓦颂就一直以独特的东西方健康哲学相结合的理论为基础，以提倡健康的生活方式为己任，追求思想、身体和灵魂三者的整体健康。奇瓦颂坐落在 7 英亩（约 2.8 万平方米）大小的葱翠的热带花园中，旨在为宾客提供最奢华的住宿体验。泰式庭院房散发着传统魅力，海景房及各类套房可俯瞰暹罗湾壮美的海景。

（二）哲学理念

奇瓦颂的哲学理念是思想、身体和灵魂的健康，这三者的整体健康是个人成就的关键。奇瓦颂认为，授人以鱼不如授人以渔，打针吃药能换来暂时的健康，但换不来长寿，如果想永远健康，那就要推崇健康的生活方式。这也成为它的健康哲学理念。奇瓦颂使命的一部分是致力于开发创造完整生活、健康体魄和安乐生活的方式，以及努力使客人享受到最先进有效的治疗服务。

奇瓦颂健康养生度假村率先结合了传统的亚洲疗法以及西方的健康与养生技术，提供了极为广泛的咨询、有益健康的治疗法、锻炼项目健身课程和活动、温泉美容疗法以及营养和饮食计划，将泰国人的盛情和西方风格治疗方法最好地结合起来。他们的口号是：实际的健康是预防而不是治疗，是创新而不是墨守成规，是运用智慧而不是被动地接受。奇瓦颂健康养生度假村自创建起就一直以独特的东西方健康哲学相结合的理论为基础，以提倡健康的生活方式为己任。持久的健康来自生活方式的改变。针对不同客人，为更好地满足其健康需求，奇瓦颂会对每一个来访者进行全面的健康问诊。问诊师通过设计量身定制的治疗和服务以更好地达成客人的目标。问诊内容包括：食物，健身，活动，休息和放松，身体的疾病，情感问题和内心感受。

二、发展历程

奇瓦颂健康养生度假村是亚洲第一个目的地型水疗中心，已成为世界之最，入住率由创立之初的 14% 一路攀升到 2009 年的 78%。

奇瓦颂的发展经历了三个阶段：市场培育阶段、市场突破阶段、稳定发展阶段。

市场培育阶段：奇瓦颂健康养生度假村于 1995 年 4 月正式开业，是由泰国副总理的夏日别墅扩建而成。那时区域内尚无养生度假的概念，只是单纯地针对欧洲市场进行营销。

市场突破阶段：在此阶段，奇瓦颂实现赢利，进行设施升级，同时通过创立学校、开发产品扩大知名度，开始在亚洲市场营销。奇瓦颂在 1999 年开始盈利，并实现了 60% 的入住率。2001 年，奇瓦颂共有 34 间理疗房，50 名员工。2004 年，奇瓦颂开始开发自己的产品。随着健康养生需求的崛起，为了满足行业发展的需要，奇瓦颂成立了培训学校。培训学校坐落于曼谷，是一所正规的 SPA 培训学校，由奇瓦颂全资拥有。

稳定发展阶段：处于此阶段的奇瓦颂持续不断地投入资金以进行基础设施的改善，稳定市场，持续拓展亚洲市场。2006 年，奇瓦颂理疗房已达到 42 间。2009 年奇瓦颂拥有理疗房近 70 间，350 名员工。2009 年奇瓦颂平均入住率已达到 78%，而且其中 55% 的客人都是回头客。同时，奇瓦颂成为亚洲第一个提供活细胞疗法的疗养地。

三、历年所获奖项

（1）获英国著名旅游杂志《旅行者》读者评选的 2012 年度最受欢迎目的

地 SPA 度假村大奖（2012 年）。

（2）获《水疗探索者》水晶奖（Spa Finder Crystal Award）读者评选的 2012 年度亚洲最佳度假村、最佳瑜伽课程、最佳健康 SPA 料理大奖（2012 年）。

（3）获英国《超级旅行》（*Ultratravel 100 Awards*）最佳 SPA 大奖（2012 年）。

（4）连续多年荣获《豪华旅游》杂志金牌榜（Luxury Travel Magazine Gold List）最佳健康与养生大奖。

（5）连续 14 年荣获《旅行者》评选的顶级海外养生 SPA 度假村荣誉及最佳 SPA 大奖。

（6）获"亚洲水疗奖"（Asia Spa Awards）最佳养生疗程大奖（2010 年）。

（7）获"水晶奖"（Crystal Award）读者评选的最佳养生疗程大奖（2010 年）。

（8）获"水晶奖"（Crystal Award）2010 最佳 SPA 目的地大奖（2010 年）。

（9）获《旅行者》读者评选的最佳 SPA 大奖（2010 年）。

（10）获《旅行者》旅行奖项最佳用品大奖（2010 年）。

（11）获《豪华旅游与时尚》（*Luxury Travel & Style Magazine*）2010 最佳海外 SPA 奖（2010 年）。

（12）所制作料理被 *Spa Finder* 杂志的读者评选为最佳 SPA 料理。

（13）所制作料理获亚洲 SPA 钻石大奖的最佳 SPA 料理大奖。

第二节　养生体系的构建

在奇瓦颂，每个客人都会得到私人顾问的悉心照料，以使客人在逗留期间获得最佳平衡状态。奇瓦颂从养生环境、养生项目、养生服务、养生居住四个方面构建了自己的养生体系（见图 13–1）。

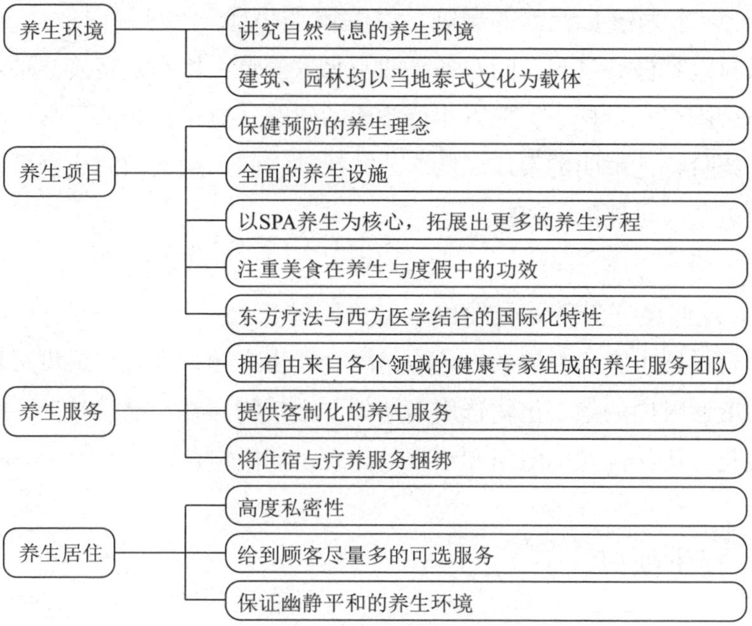

图 13–1　养生体系的构建

一、养生环境

（一）承继泰式传统的建筑风格、园林设计，搭配彰显泰国佛教文化的雅致内饰

度假村的建筑以泰王室建筑风格为主，尤其是 17 间阁楼式别墅，围湖而建，很好地遵循了泰式传统建筑的风格。建筑用自然材质、各异花卉、泰式文化饰品装点，配备现代设施，打造舒适的环境。

在奇瓦颂健康养生度假村的中心设有很多帐篷，它们都是依据泰国传统建筑风格而设计的，周围环绕着热带花园、湖和瀑布。独立的、泰国风格的帐篷让游客拥有绝密的私人空间。

度假村的客房格调雅致，室内设计元素多采用自然的材料，如木、大理石和手制陶瓷；再加上东西方的流行元素点缀，营造出舒适的气氛。客房的户外休闲区设有转动风扇，力求让旅客有舒适和轻松的感受。客房设有大玻璃窗，房内不仅阳光充足，而且在室内就可以观赏到美丽的沙滩和海洋风景。

（二）以水为核心元素的景观，点缀情趣小品

度假村以湖核心景观，间布各异的小水景节点，用水景将公共景观串成流动的整体，围绕水景核心，配以相得益彰的建筑，应用各异的元素小品，共同呈现了传统且特色鲜明的泰式风情。公共活动空间采用大敞间或全落地玻璃的设计，拉近了与自然的距离。

（三）延伸至户外的活动空间，让人畅享自然

度假村设置了客房专属的户外亭，配合养生主题，为客户提供冥想、瑜伽的空间。度假村内的景观植物选用当地的乡土植物，在小品设计上，结合泰国的佛教文化，比如佛像的雕塑和浮雕，体现了泰国特色。

二、养生项目

（一）运动养生

奇瓦颂健康养生度假村设置了许多运动设施，结合了泰国传统的养生运动特点，十分健康，而且符合国际规定标准。运动设施包括室内和户外设施，有让游客放松和进行日光浴的户外游泳池，有水流按摩浴缸、多级蒸汽房、水疗池、体育馆、泳池等。这些健身和修复治疗的设施为游客提供完整的治疗，让游客的身体、头脑和精神得到彻底的放松。

（二）理疗养生

奇瓦颂健康养生度假村结合传统东方疗法与现代西方科技，提供超过 150 种疗程，共设十大养生系列（见图 13–2）。

理疗是奇瓦颂的强项。所有的理疗从个性化分析开始，最终达到肌肉与骨骼的平衡。其中辅以按摩以及体育锻炼和康复项目。

专业的健康咨询师为游客选择和设计治疗项目来改善其健康状况，以达到其预定的目标。度假村设有健康教育的课程、冥想课程、室内和户外按摩课程。奇瓦颂还为游客提供众多的治疗项目，如：泰式按摩、泰式草药蒸汽水疗、面部按摩和东方脚部按摩。在私人训练班或者设施齐全的体育馆，游客可

以通过进行头部按摩和身体修复改善自己的身体状况，如头部训练、指压按摩疗法等。

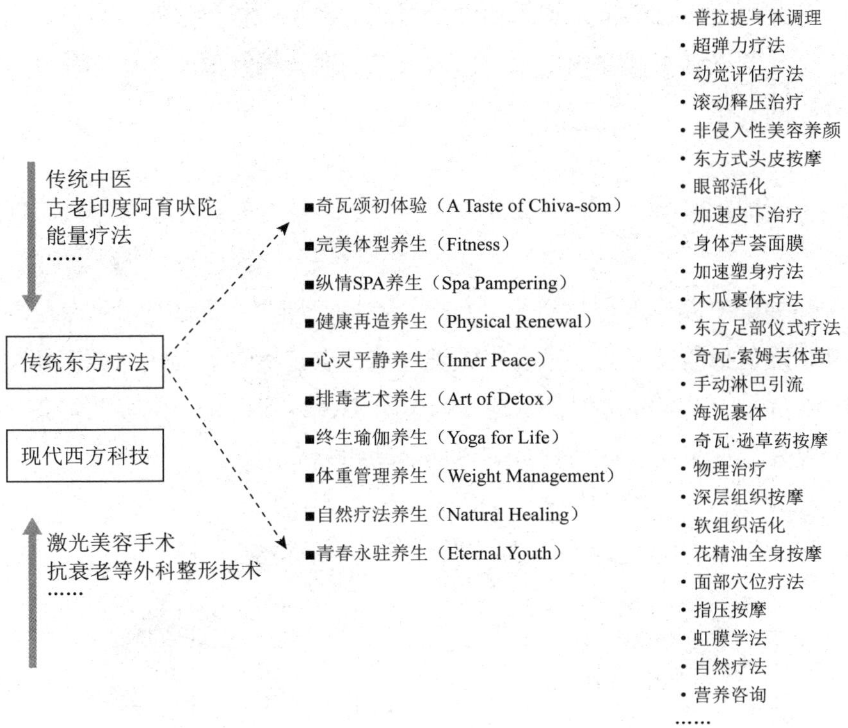

图 13-2　十大养生系列

（三）饮食养生

奇瓦颂的饮食养生主要体现在精致养生饮食方面，注重营养均衡、高质量的 SPA 餐饮料理。

奇瓦颂的水疗菜肴是得到亚洲和西方认可的低热量、有营养的美食。酒店餐厅每天所烹调的菜肴都是采用由酒店自己的有机园所种植的新鲜和有营养的农产品，如香草、蔬菜和水果，这些材料都是低热量的。在这里还有营养学家帮助游客量身定制健康菜单，为了让游客更清楚和方便了解，服务菜单上列出了所有菜肴的卡路里和脂肪数量。

度假村的餐厅供应健康小吃和饮料，免除游客对在度假期间增加卡路里的担忧；兰花休闲区整天都供应新鲜的水果汁、咖啡和茶，使游客能在享受美食的同时达到养生健身的目的。

奇瓦颂坚持的一个理念是，客人带走的不仅是一份回忆，而且还有珍贵的经验，为此酒店所有的菜式均采用随处可买的常见原材料，客人自己在家就可以做。奇瓦颂提供烹饪课程以及专门的烹饪手册，揭开健康饮食的秘密，教授在家操作的方法。

三、养生服务

奇瓦颂健康养生度假村有由 80 多位合格疗程师组成的国际化专业理疗团队，其中既包括印度草药学家、中医理疗家，也包括欧美现代医学家和美容家（见图 13–3）。54 间客房配备有约 350 位员工，达到为每一位客人配备 6 名服务员照顾其饮食起居、运动健身等各项活动的标准。

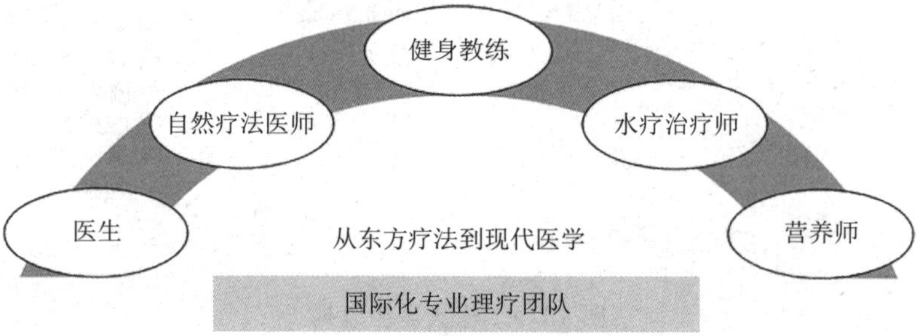

图 13–3　国际化专业理疗团队

四、养生居住

奇瓦颂健康养生度假村保证住宿环境的高私密性，并最大化地提供可选择性的居住环境，满足客户不同的养生居住需求。

奇瓦颂健康养生度假村共有 54 间 / 套客房，有 11 种不同的风格可供选择，具体如表 13–1 所示。

表 13-1 奇瓦颂健康养生度假村套房类型及风格

套房类型	风格	房间面积（m^2）	房间数星（间/套）
海景房（Ocean Room）	靠近海边，在阳台上可俯瞰泰国湾和度假村	34	11
豪华海景房（Ocean Deluxe Room）	宽敞的生活空间能让人找到舒适的感觉，有独立的浴室、更衣室和露台	48	13
奢华海景房（Ocean Premium Room）	最宽敞的海景房，有独立的浴室、更衣室和露台	54	5
安臣房（Anchan）	露台更大，平和的装饰让人深度放松	63	1
泰式屋（Thai Pavillions）	泰式建筑风格，露台，户外休息区域	36	17
杜松房（Juniper）	顶层套房，可以看到泰国湾的远景，有独立客厅	68	1
天竺薄荷套房（Patchouli）	有独立客厅和大的露台，可俯瞰海洋	70	1
茉莉套房（Jasmine）	阳台连接卧室和客厅，可观海景	83	1
黄兰套房（Champaka）	空间巨大，有独立浴室、客厅、露台	104	2
金宝套房（Golden Bo Suite）	正宗泰式风情，有独立客厅、更衣室、餐厅、带阳台的露台和室外泳池	102	1
赤素馨花套房（Leelawadee Suite）	有宽敞的生活和用餐区，两间浴室，三间厕所，还有一间带更衣室的豪华卧室，一个带按摩浴缸的室外露台和一个宁静的私人花园	147	1

度假村的每个房间都提供 10 种材质的枕头、3 种床垫。枕头的种类分别为豪华鹅绒、颈部支持、荞麦、海绵、超柔软微纤维、木棉、中等硬度聚酯纤维、经典标准乳胶、泰国三角摇枕等。另外房间内每天晚上 6—9 点会点上精油，精油的种类有尤加利、薰衣草等。

另外，度假村还采取多种措施来保证一个安静平和的环境。如：不接待 16 岁以下的小孩；度假村全面禁止抽烟；公共场所禁止拍照；在公共场所禁止使用手机和电脑，如需私人使用，需要向度假村相关管理人员申请。

图 13-4　多种措施保证幽静而平和的养生环境

第三节　养生主题的演绎

一、产品设施

奇瓦颂拥有 54 间客房，有近 70 间理疗房，拥有超过 85 个专业理疗师，提供超过 150 多种疗程和活动（包括 SPA、身心灵、健身以及肌体理疗）。其中包括 6 间物理理疗疗程室、9 间整体疗程室、6 间咨询会诊室、2 间水疗池和 45 间 SPA 疗程室，SPA 疗程室含 4 间可同时进行双人按摩的双人疗程室、1 座水疗池、1 间医疗 SPA 室。奇瓦颂可以说是世界上第一处疗程室多于客房数的度假 SPA/ 养生地。

奇瓦颂拥有称得上是世界上最多的 SPA 训练设施，包括 13 座健康功能建筑，有太极亭（练太极拳）、身心灵整体健康运动间、泰式按摩亭、室内泳池（可做水中有氧舞蹈）、瑜伽亭、健身房，以及各种重力及心肺运动器材室、有氧舞蹈教室、普拉提课程教室、水疗池凉亭、户外按摩凉亭、护发美容室、

SPA中心、游泳池等。

除了近70间理疗房和13座健康功能建筑，度假村的养生设施还包括室壁运动室、健身房、水中按摩浴池、漂浮浴池、大型户外游泳池、带有克奈普浴的浴场、桑拿室、蒸汽室、按摩浴室以及室内游泳池。奇瓦颂拥有室内和室外两个游泳池，室内游泳池恒温34℃，而环境的温度也使室外游泳池常年保持温暖舒适。游泳池的水质均由环境友好型的氯化钠水质处理系统进行控制。

另外，酒店提供有机的食物。酒店餐厅每天烹调用的都是酒店有机园所种植的新鲜、有营养的农产品，如香草、蔬菜和水果等，这些材料都是低热量的。

二、实施步骤

在奇瓦颂健康养生度假村进行养生服务需要经过三个步骤：接受设备先进的个性检查，参考专家建议并选取适宜的养生疗程，配以自由课程与饮食计划（见图13–5）。

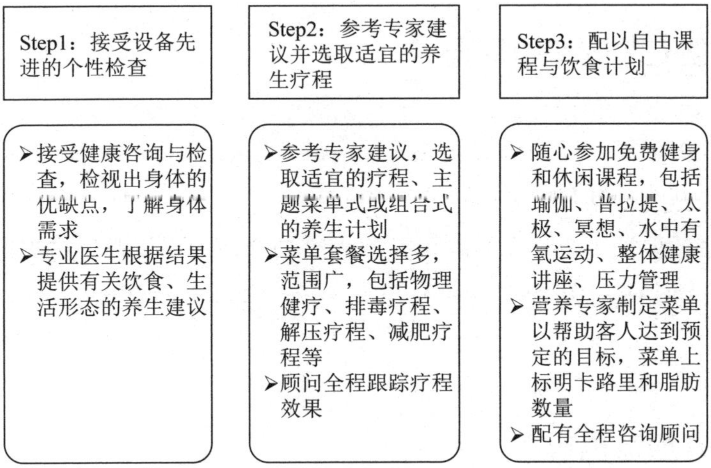

图13–5　养生服务理疗程序

第四节　生态形象的树立

奇瓦颂健康养生度假村通过环保政策与环保行为的开展彰显了绿色形象和社会责任，并建立了与当地政府及社区的良好关系。

一、制定可持续发展政策

奇瓦颂健康养生度假村致力于保护地球、保护珍贵的自然资源，并且为此拟定了相关的政策。整个度假村不断探索新的绿色创新举措，并尽可能寻求环保替代方案，包括节能和自然资源保护措施、使用清洁产品和减少浪费。他们要求每年必须通过生态旅游认证即“绿色环球 21”的基准认证。持续的流程改进使得奇瓦颂健康养生度假村在各个层面都达到了国际上“最佳实践”的要求。

二、创立华欣保护基金

奇瓦颂健康养生度假村的创立者黄闻波（Khun Boonchu Rojanastien）创立了华欣保护基金，其目的是协助市政府，培育一个健康、安全和充满活力的华欣。利用华欣保护基金，度假村可开展提高公众环保意识及增进当地社区交流的活动，比如户外音乐会、马拉松、艺术展、沙滩清洁活动、造林项目、“零碳排放会议”等一系列活动。

三、开展绿色行为

奇瓦颂健康养生度假村采取了一系列措施来保障其环境的可持续发展。

（一）降低温室气体排放

通过环境管理，通过寻找可替代能源、可再生能源和碳补偿项目来降低温室气体的排放，实现碳中和。

（二）节约能源并加强管理

通过节能技术和实践，减少对不可再生的化石燃料和电力的使用和依赖。

（三）淡水资源管理

努力减少淡水消耗，并在整个度假村实施节水措施和创新技术，如在度假村周边收集雨水。同时，尽量减少从度假村内部排放的水，保护外部水源免受污染。

（四）生态系统的保护和管理

鉴于人类活动是度假村的核心，人类活动不可避免地会对生态系统造成一定的损害，度假村也采取了一些措施来保护和管理生态系统，主要是保护和充分利用生态系统，并避免破坏它。度假村的设计适应了现有的生物多样性和自然地形的等高线，并经过精心的打造，以对生态系统产生最小的影响。

（五）社会文化问题的管理

以保护华欣集团的名义，以社会、文化、环保活动为先导，奇瓦颂与国家机关合作，培育环境并将由此带来的好处回馈给社区。奇瓦颂、当地企业、国家机构和专门的志愿者无私合作，于 2004 年在华欣市成立了华欣保护组织（Preserve Hua Hin Group）。这是一个努力保护美丽和保护当地社区的自然环境的组织，自成立起这个组织曾赞助了许多节事活动，比如户外音乐会、马拉松、艺术展和其他活动。组织通过捐赠和赞助产生的收益主要用于为环保行动提供资金或者推广环保意识、教育。

（六）土地利用规划和管理

奇瓦颂健康养生度假村有效地规划只有七英亩的度假村，使不同层次的整体保健设施、住宿楼和餐厅位于郁郁葱葱的热带花园的清新步行道上。度假村的设计融合了传统泰式建筑和自然多样性的氛围，拥有大瀑布和高大树木的湖泊，更映衬了这里的宁静。

（七）空气质量保护和噪声控制

坐落在可以享受清新海风的海滨，奇瓦颂成为一座避免外界干扰的避难所，这里禁止任何能够产生噪声的设备。度假村是无烟的，内部的听觉隐私通过隔音墙和自然树篱实现。度假村的公共区域不允许使用手机和个人电脑。

（八）废水管理

通过资源回收利用，废水直接经过由碳和砂滤组成的多阶段处理程序被现场收集和净化。这些水之后被用于景观灌溉和保持度假区湖水的水位。

（九）废物最小化、再利用和循环利用

度假村连续多年废物产生较少，是因为他们的政策是减少使用量、再利用和回收。使用过的材料经过连续的循环回收，以不同的形式被再利用。塑料、玻璃、金属、木材和纸制品被分开回收并运送到相应的回收设备；易腐食品分发给当地家畜的饲养者，用作动物饲料；植物的残根败叶被收集，转化为富含营养物的堆肥，作为其他植物的肥料。

（十）使用环保产品来代替可能有害的产品

由于奇瓦颂致力于提供一个健康和安全的环境，他们的政策是遵守所有适用的健康、安全和环境保护法律、法规和要求，所有的活动都以确保对工作人员、顾客和环境有利的方式进行，不断寻求环保产品来替代可能会对人或环境产生危害的产品。

（十一）社区福利

企业和社区的环境和社会可持续性交织在一起，奇瓦颂致力于改善社区人民的健康、幸福和生活质量，比如着重于开展社会福利项目、雇用当地人员、尽力提供更多的工作岗位，并尽可能购买当地的新鲜食物、产品和服务。

（十二）可持续发展教育

奇瓦颂向员工和客人传达他们的环境和社会可持续发展政策的目标和实践，以提高他们的意识，共同推进环境和社会可持续发展的实现；并鼓励供应

商调整自己的产品供应，以和奇瓦颂的目标相一致。

第五节　案例总结：美体组合式养生

一、身心协调，理念引导

大多数健康概念酒店都只是限于拥有优美的自然环境，但奇瓦颂健康养生度假村还配置了众多的设施让你的身心得到协调，减轻压力。酒店确定了三个目标：设置一些便利、实用的设施；引导顾客学习怎样把健康养生理念融入生活；使顾客度过一个愉快的假期。他们的口号是：实际的健康是预防而不是治疗，是创新而不是墨守成规，是运用智慧而不是被动地接受。

二、以泰式药浴为主导的养生组合拳

治疗方式以泰式药浴为主导，倡导身、心、灵三位一体：以人体为中心，由内向外，由心灵静修、生活瑜伽、自然愈合、艺术排毒、体重管理、健身方案定制、物理重建、水疗护理等模块组成。饮食方面主张无油、无糖、无盐，以组合式养生为特色，有健康咨询、治疗方法、锻炼项目、健身课程和活动、温泉美容疗法以及营养饮食计划。养生哲理是东西方养生理念的融合，以泰式按摩、全身药裹、深度清洁、脸部足底按摩等传统项目和200多种疗法（包括气功、太极、瑜伽、普拉提、日式指压、水中按摩和灵气疗法）等东西方温泉疗法为主体，配合“泰式SPA养生食谱”项目，突出的服务项目是为游客提供量身定做的健康生活方式私人咨询，创造一种健康体魄、完整安乐的生活方式。

三、东南亚特色的体验项目

奇瓦颂健康养生度假村融东南亚风情体验、高质量特色住宿、环保饮食、健康疗养为一体，是一站式的健康主题疗养地。

泰式度假风情：度假村的阁楼别墅拥有泰式设计风格，配以彰显泰国佛教文化的内饰风格，演绎别样的度假风情。

专业、丰富的疗养项目：将东方传统疗养与西式健康维护相结合，由80多名专业疗养师提供超过150项的身心调养方式。

世界著名疗养胜地：奇瓦颂是清迈久负盛名的疗养胜地，连续多年在英国《旅行者》杂志最佳SPA疗养地评选中位列前三名。

四、基于肌体分析的养生板块

奇瓦颂健康养生度假村共有六大养生功能板块：肌体理疗、健身、SPA、营养、科技美容、身心灵健康。所有的理疗以个性化的肌体分析开始，检查身姿、柔韧性、稳定性、协调性以及肌肉张力和性能，每个部分都能反映出身体的整体功能和能力。客人会收到一份纸质的身体机能评估报告，并附有如何改善这些问题的具体建议。然后通过酒店特殊手法的按摩、拉伸、运动等方式，帮助客人达到肌肉与骨骼的平衡。和医院的物理理疗不同，酒店更专注于帮助亚健康和有不良姿势习惯的客人改善身体机能。

第十四章

泰国清迈帕维纳排毒养生度假村——体验全身心『畅快排毒』

养生在于休养生息，强调遵循自然规律对身体与心灵进行调理。人口老龄化、亚健康、日益激烈的社会竞争力和慢性病患病率增加等因素刺激了人们对养生服务的强劲需求。同时持久恶化的自然环境和激烈的社会竞争，对人们身心造成重压，扰乱或降低人体正常的生理机能。面对无法回避的自然和社会环境，唯有牢记古代医家“治未病”的医训，清除身心“毒素”，让生命回归原点，重启生命系统，才能保持永久活力。而清迈帕维纳排毒养生度假村（简称帕维纳度假村）就是这样一家可以实现全身心畅快“排毒”的绝佳养生秘境。

第一节　帕维纳排毒养生度假村概况：养生排毒的优选之地

一、地理位置

帕维纳排毒养生度假村位于有“北方玫瑰”之称的清迈市北部乡间的湄安山谷中，交通较为便利，从泰国清迈市中心和国际机场开车仅需 30 分钟即可到达，同时，大象自然保护公园和翠谷（Green Valley）高尔夫球场近在咫尺。度假村独占 200 多亩的山林，四周群山环绕，绿树成荫。沿着度假村向上走，不远处就是一个原始的国家森林公园，又被称为“天然氧吧”，它绵绵不断地向度假村及其周围地区提供负氧离子。因此这里拥有得天独厚的疗愈条件，在山野之间就能将健康进行到底。

二、核心资源

（一）泰式传统按摩与排毒文化

与多数国内康养旅游目的地不同的是，帕维纳度假村主要依托于泰国特色按摩和排毒文化，而不是单纯依托自然生态环境。泰式排毒是泰国流传的一种自然疗法，泰式按摩则是泰式排毒的途径之一。泰式排毒不仅可以防病强身，还附带减脂、控制体重的功能。泰式按摩又可以细分为泰式草药按摩和泰式草药热按摩两种不同形式。

泰式草药按摩来源于古老的泰国医学文化，历史有4000年之久。在古代，泰国皇室通常通过这种按摩手法达到强身健体、延年益寿、释放压力的目的。泰式草药按摩有自己的一套独特的经脉、穴位按压和伸展的理论，通过按摩，可以帮助人们放松自我，促进人体血液循环和系统新陈代谢，让身心恢复平衡。这种独特的按摩技术涵盖了几乎所有的动作，如按、摸、拉、拽、揉和捏等。在按摩过程中，按摩师用手、胳膊、脚和全身的重量来滚动，以此来帮助你伸展身体，刺激肌肉和结缔组织，放松韧带，激活关节，这种按摩和瑜伽有着异曲同工之妙，这就是为什么泰式按摩也被称为“被动瑜伽”。

泰式草药热按摩是在草药按摩的基础上衍生出的一种更高层次的按摩。泰式草药热按摩能一定程度上祛风、除湿、活血，帮助身体恢复正常，增强身体免疫力。整套按摩是通过一个特殊的热敷袋来进行的，袋中放有专用的中草药，按摩师拿着它以有规律的节奏沿着身体“按压和释放”，有助于缓解肌肉疼痛。用热敷袋的原因也是让草药中的一些有效成分变成热气，传导到体内，从而加速血液循环，加快身体的排毒速度。通常，热敷袋是由泰国独有的天然草药精制而成，每一种草药都有其不同的自然属性。

依托上文所提到的泰式按摩和排毒文化，帕维纳酒店建造了自己的排毒中心（Detox Center），并结合精心设计的食谱和水疗，创设了度假村独特的排毒方案，以祛除垃圾食品和环境污染给我们身体留下的毒素。帕维纳的排毒方案受到了很多国外客人的追捧。2012年5月，该度假村被美国知名媒体“福克斯新闻”（Fox News）评为全球十佳排毒酒店之一，并被《亚洲温泉》（*Asia Spa*）杂志评选为全亚洲十佳健康旅游目的地之一[①]。

（二）天然舒适的环境

帕维纳度假村坐落在泰国清迈郊区的山谷中，而清迈地处泰北山区，四周群山环抱，气候宜人，全年平均气温一般为20℃左右，拥有“泰北玫瑰”的美誉，也是世界上最具盛名的疗养胜地之一，来自全球各地向往健康、悠闲、平和生活的人士都聚集于此。同时，由于清迈市没有重工业的侵扰，且四周山林环绕，所以帕维纳度假村拥有绿色植物园般的环境，成长数百年的果树和竹

① MSN中文网.去清迈来个“清”肠胃之旅，身心才能一起放松了［DB/OL］.（2016-03-21）［2021-10-02］. https://www.toutiao.com/article/6264439620746871298/?&source=m_redirect.

林提供了比城市多几十倍的负离子，让人感受到久违的清爽。

走进帕维纳度假村，你将仿佛把自己置身于天地之间，在这里自由呼吸吐纳。度假村清新、自然的田园环境，会让人有种身处桃花源的感觉。每一位来到清迈的游者都能从心灵到外在得到前所未有的放松，甚至产生"醉氧"的错觉。

第二节　帕维纳排毒养生度假村产品理念：健康、有机、自然

沉于浮世的人们迫切地向往着"归园田居"，体验"采菊东篱下，悠然见南山"的健康、有机、自然的生活状态。有机就是要回归天然纯粹，其实这是一种倡导人与自然和谐相处的生活方式，简单点来说，就是我们要回归天然、回归自然，呼吸新鲜的空气，感受泥土和青草的芬芳，找到城市里的自然。帕维纳度假村在产品设计、项目开发时始终围绕这种理念。

首先是度假村的名称设计，目的地的名称往往可以通过释义法诠释某种理念。"帕维纳"在泰语中用"Pavana"来表达，寓意为健康、宁静和福祉，这也与其"健康、有机、自然"的产品理念相呼应。与此同时，该理念也贯穿了其整个产品体系。

帕维纳度假村有多种不同规格的泰式套房，内外的每一个细节都在提倡有机健康。房间的外观装饰透露着古老的兰纳泰国王朝风格的气息，周边利用植物、石材营造简朴、舒适的度假风情，房间内则全部采用原木地板，大部分的设施都是就地取材，充分体现了现代泰国的风味[①]。这些兰纳王朝风格的阁楼就坐落在树木之间，住在这些质朴自然的房间里是一种美的享受，可以在简单优雅的大厅里阅读，或者走到阳台上欣赏美丽的户外田园风景。

由于度假村提倡生态环保，客房里的所有洗漱用品都是有机的，房间里没

① 佚名．开启有机生活和健康度假的新未来 泰国清迈水疗度假村升级品牌形象［J］．中国周刊，2016（1）：1.

有为前来入住的客人提供的一次性牙刷和牙膏，度假村鼓励客人自己携带。着实有趣的是，客房内的浴室是无顶的，所以人们可以在晚上沐浴时感受自然，享受边沐浴边观星的完美体验。

为了保证度假村内所提供食物的有机，帕维纳度假村依托天然的乡村田园环境，建设了属于自己的有机农场。这片经过泰国皇室认证的有机土地，自然且肥沃，农场内有机食物的种植过程坚持不使用农药、化肥、除草剂和催熟剂等，因此它们更接近大自然的原生食物，有着食物最天然、最原始的味道。同时食物在制作过程中没有使用任何添加剂，最大限度地还原了食物的自然风味。

第三节 度假村产品体系

一、良好的自然环境

人们在经历过城市生活的喧嚣后，在外出旅游休养生息的时候更追求“人闲桂花落，夜静春山空”的闲适状态，因此，国内外的康养旅游通常是建立在良好自然生态环境的基础上的，帕维纳度假村也不例外。

帕维纳度假村所在的湄安山谷处于清迈古城东郊，地形以山地为主，树木丛生，且人口数量较少，只有不到 3 万人，周边没有太多的现代化和商业化的渲染。与热闹的首都曼谷、芭堤雅相比，这里有着完全不同的气质：清爽的空气、安逸的氛围。正是由于这样得天独厚的地理位置，让它远离了都市尘嚣，自然就是这里最好的名片。

在清迈帕维纳度假村，跟随小城的节奏去体会生活，人们可以体验清迈乡间原汁原味的“清迈故事”。天然怡养的自然环境使旅游者能够拥抱大自然的美，帮助客人更深地进入冥想和自我——洗涤头脑和心灵。这是繁忙的城市无法提供的一种变革性体验。

二、个性化养生项目

当然，一个康养旅游目的地如果仅靠自然环境去修复到“康”，这个“康”就显得有些乏力或缥缈，也并不符合当代社会对“治病、防病和保健”的养生需求。较理想的状况是，康养旅游目的地为客人提供程度不同、幅度不同的“涉康”服务。因此，帕维纳度假村围绕“涉康服务”开发了多元化、个性化的养生项目，包括排毒、生食、瑜伽、冥想、SPA等。一系列养生项目层层递进，步步深入，让人“向内看”，感受自己身体发出的讯号，慢慢恢复元气，重拾“一身轻”的状态，找到适合自己的慢活节奏。

（一）瑜伽/冥想

身体排毒的同时也要精神排毒。瑜伽作为一种极具品位的休闲旅游形式，受到当代年轻人的推崇，尤其是女性群体。瑜伽可以放松和稳定人们的身体、思想和灵魂，在竞争日益激烈的社会和紧张的工作环境中可以满足人们对健康和放松自我的需求。瑜伽的各种站姿、坐姿、跪姿和卧姿也可以为四肢提供很好的牵引力，促进人的气血流动，有效地治疗高社会压力带给人们的一些职业病，如颈部和背部疼痛。另外，瑜伽的休息术有助于镇定心神、缓解压力、改善睡眠，另外还能起到塑形、减肥的作用。

而瑜伽术的最终深意，就是“冥想”，冥想最早是来源于佛教与印度教的精神训练，现在已经成为养生中非常重要的一环。它是将自己的愿望、爱、希望都集中在同一法则之下而进行的。每日冥想可以将我们的心意状态化繁为简，促使世人烦躁沉浮的内心趋于平静，是很好的静养保健方法。

而冥想并不拘泥于固定的形式或者安静的环境，相反，在大自然之间，身心会更容易实现平静的状态，一花一草、一树一木都可以成为冥想的对象，感觉个体和自然融为一体，同时身心达到联结。因此，帕维纳度假村瑜伽课和冥想课的上课形式选择了“半户外式”，上课的环境非常刺激，是在山顶的九云端灵修亭（Cloud 9 Sala）。灵修亭是度假村的最高处，也是视野最开阔的地方。清晨穿过绿色的丛林，沿着缓坡顺山势而上，在山顶的瑜伽冥想修习棚进行冥想或瑜伽的练习，在晨雾中俯瞰绿油油的山谷，感受风景如画。在这里做瑜伽的体验，大概可以用“飘飘乎遗世独立，羽化而登仙”来形容。

度假村秀美的风景、专业的设施和独特的瑜伽环境，吸引了来自印度、欧洲和美国的冥想和瑜伽教师入住，他们为客人提供专业有效的练习方法，并根据客人的不同需求，为客人量身定做瑜伽和冥想套餐，帮助客人找到真正的平静和放松。由于度假村瑜伽项目的名气，“帕维纳酒店”更是被业内人士直接喻为“瑜伽酒店”，每年都会吸引来自世界各地的几十个瑜伽团队前来探索和体验。

（二）泰式排毒

帕维纳所倡导的养生之道，可以描述为对身体与心灵的双重净化。精神层面的净化主要通过专业指导下的瑜伽与冥想课程来完成。身体层面的净化，则主要通过特色泰式排毒来实现，定期的排毒是5类实现长寿的重要习惯之一。

帕维纳度假村依托当地特色中医药和排毒文化，开办了一个排毒中心（Detox Center），其特有的排毒项目受到国际旅客的高度评价，并被美国知名媒体“福克斯新闻”评为世界十大排毒胜地之一。

排毒理疗项目能够成为度假村的一大特色是源于两大秘诀，其秘诀之一是这里的排毒注重自然元素的运用，排毒所用的各种中草药均是来源于度假村自己开设的有机农场，纯自然药物辅助身体排除毒素，对身体不会造成负面影响。秘诀之二是排毒期间会进行“断食”疗法。从生物学上来讲，因为断食过程中身体将不会耗用太多能量去消化食物，人的大脑会变得更为清晰，这时身体本身会启动自有的强大自愈能力，达到内外双向排毒的作用，并可以增强身体的自我净化能力。

同时，度假村配备了专业的营养与健康学医师，营养专家根据植物药理并结合个人体质，研配出纯粹的草本饮料，再根据每个人的健康状况，安排更适合每个人的排毒养生方案，内容包含合理健康饮食、适当的运动、专业的SPA按摩等几个部分，让身体由内而外获得新生。度假村还专门推出了“一日排毒”“非凡排毒”“重焕生机”等多种不同类型与时长的排毒套餐（见图14-1），可以满足不同客人的需求。

- 套餐
  - 一日排毒 ⇨
    - 1天排毒项目
    - 1次60分钟冥想课
    - 1次60分钟泰式按摩
    - 3杯蔬菜果汁
    - 1杯短杯小麦草汁
    - 1份椰子汁
    - 1份混合水果汁
    - 1份螺旋藻饮品
    - 1份热蔬菜汤
    - 一次咖啡灌肠体验（或无）
  - 非凡排毒 ⇨
    - 1顿预清洁生食晚餐
    - 1次60分钟泰式按摩
    - 3次60分钟腹部按摩
    - 4次90分钟瑜伽课
    - 4次泰式草药熏蒸或桑拿
    - 3.5天排毒项目

      每日惊喜：
    - 60分钟冥想课程
    - 两三种特制排毒饮品
    - 肠疗排毒和服用特制草本营养药品
    - 2款肝部排毒饮品
    - 1份椰子汁或胡萝卜汁
  - 重焕生机 ⇨
    - 7次60分钟的腹部按摩
    - 7次90分钟的瑜伽课
    - 7次30分钟的泰式草药熏蒸或桑拿
    - 8天肝排毒饮料
    - 7杯椰子汁/胡萝卜汁
    - 7.5天排毒项目

      每日惊喜：
    - 60分钟冥想课程
    - 5种特制排毒饮品
    - 肠疗排毒和服用特制草本营养药品
    - 2份特制蔬菜汤
    - 2款肝部排毒饮品
    - 1份椰子汁或胡萝卜汁

图14–1 常见排毒套餐

（三）有机酵素美食

药食同源，是东方食养的一大特色，帕维纳作为一个疗养胜地，格外注意食疗的作用。度假村内的餐厅曾经被英国著名美食杂志《餐厅》（*Restaurant*）

评为全球50家最佳养生餐厅之一。该餐厅的一大特色就是为客人提供了格外全面的健康新菜式——生食（Raw food），但这里的生食不是指生吃食物，而是讲究制作酵素美食。

度假中心拥有20英亩的经过泰国皇室认证的有机农场，农场会根据时令种植40多种时令蔬菜，还通过养殖奶牛、鸭子等制堆肥，土地又肥沃，餐厅所提供的美味菜肴中80%的食材来自度假村自有的有机农场。

餐厅的有机体现在两个方面，一方面保证原材料的有机，另一方面在烹饪上也追求食之本味。这种新生机饮食，是备受关注的一种新兴乐活饮食法，力求还原食物的本味，因此在烹饪过程中绝对不使用任何添加剂。烹饪食材温度也不超过46℃，真正实现了从“农场到餐桌”。这样既保留食材本身的美味，又尽量不破坏食材的营养。同时配合着私人定制的排毒计划，让身体由内而外地排除积年的毒素。度假村考虑到客人的接受程度，安排的排毒餐食的口味也是循序渐进的，会越来越清淡，从有蛋到全素，再到只有果汁、蔬菜汤等，合理地优化了欧洲葛森自然轻断食疗法，更容易让身体接受。

（四）运动健身

运动是释放压力的最好方法，通常被列为5大长寿习惯之一。消费者需求视角下，运动健身康养也是消费者参与最广泛的领域。消费者在时间、场地等都允许的情况下可以通过身体上的物理运动过程，达到增强免疫力、促进心理健康的效果。因此帕维纳度假村在设计其康养旅游产品时注重将运动元素融入其中。

度假村向客人开放出租单车、摩托车，支持游客自我骑行，探索周边。从酒店租上一辆山地自行车，绕着泰北的乡村公路骑行，可尽情领略山林田野之美和淳朴的人文民风。如果不想骑行，徒步漫步在竹林中也是不错的选择，在日出前起床，然后三五人结伴，一起在稻田、果树、山林间自由穿行，感受起起伏伏的山路。

帕维纳度假村还为想要健身的客人提供了新兵训练营，为时7天，每天会有国际知名健身教练指导学员进行运动，以此达到运动排毒的目的。同时度假村有自己定向合作的泰拳馆，热爱健身的客人能在静修之后体验打拳带来的快感。度假村内的专业运动教练，也可以根据客人的身体状况，定制相应的运动计划，从冥想、打坐、瑜伽到骑行、慢跑、徒步等，运动量循序渐进地增加，帮助客人达到身体适应的健康生活状态。

（五）SPA、药物熏蒸

帕维纳度假村内还开设了一家水疗中心，并建有 2 间红外线桑拿浴室、泰式草药蒸汽浴室。在这里，客人可以体验清迈独一无二的排毒清体按摩。这种按摩是运用泰式按摩手法，根据印度阿育吠陀自然疗法以及瑜伽理论，配合独家调制的有机草本药包、精油，再由专业的技师通过按摩和指压的方式刺激穴位，帮助肠道蠕动，从而达到通便、促进消化的疗效，有非凡的排毒效果。水疗中心还在穴位按摩基础上开发了中草药熏蒸排毒按摩疗法，并向客人提供各种护理服务，主要项目包括：泰式草药熏蒸和桑拿按摩，32 种草药熏蒸排毒按摩，芳香精油按摩，包括足部和面部按摩，水疗按摩，泰式腹部按摩。

（六）沉浸式体验

帕维纳养生度假村关注到消费体验对于旅游产品的重要性，于是基于已有的旅游产品衍生出许多针对养生者的体验项目，将旅游体验贯穿到整个康养旅游产品体系。

依托于有机酵素美食项目，度假村专门设立了生食课堂，对生食素食感兴趣的朋友可以亲自参与做菜的环节，并有专业生食大厨现场手把手指导制作。客人可以体验从食物采摘、烹饪到坐在桌前享受一次健康美食的全部制作过程。

另一方面为了让宾客得以体验到原汁原味的泰北农场风情，帕维纳度假村依托有机农场开发了一些参与项目，比如喂水牛、种水稻、认识这里的各种草药和蔬果等，使得孩子们可以在家长的陪伴下了解相关农业知识，非常适合亲子市场。

依托于山顶的瑜伽棚，度假村将其改造为学习泰北传统手工艺的场地，让客人一边感受泰北传统文化，一边化身为 DIY 小能手。到了晚上，度假村还会为客人提供山顶的篝火晚会和放天灯（孔明灯）活动。放天灯作为泰国的一项传统，已有 2500 多年历史，万人天灯的盛况一直都吸引着世界各地的游客前来体验。依托于已有的泰式按摩项目，度假村还提供泰式传统按摩教学，培养客人的动手能力，引导客人主动参与知识吸收。

三、专业养生服务

帕维纳度假村的各类养生项目都有相应的国际化专业养生服务团队（见图14-2），其中包括自然排毒疗法医师，印度、欧美等世界各地的瑜伽和冥想名师，国际水准的健身教练、水疗治疗师、营养健康医师等。专业团队对每一位客人的健康和身体状况进行评估，以此为基础制订个性化的养生计划，令客人达到身体、精神和灵魂三者平衡的目的。

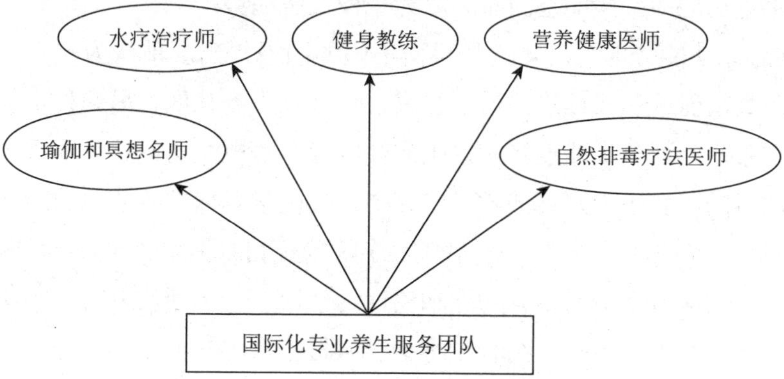

图 14-2 国际化专业养生服务团队

四、特色住宿——领略泰北风情

度假村的住宿主要集中在别墅区，有大床房和双床两种房型可供选择，两种房型无论造型还是内部陈设都各不相同。度假村的别墅外部呈兰纳风情，内部家具几乎都由原木制作而成，处处弥漫着自然的气息。且别墅通常都是两层，楼上是卧室、一个小阳台和一间浴室，楼下是休息厅、餐厅、基本的厨房和卫生间，两层楼外都有小阳台，两层楼间以木梯连接。通过小阳台，客人不出酒店便可置身于原汁原味的泰北乡村文化中，享尽清丽秀美的田园风光和山峦起伏的泰北美景，与自然之美亲近无比。度假村的客房区和餐厅各有一个独立的泳池，客人可以偶尔在清水中尽情畅游。

第四节　度假村功能分区：以康体疗养区为核心联动发展

旅游度假区需要进行功能分区，这是度假区规划和设计的一个重要原则。因为随着旅游市场需求的变化，本区域原有的单一形式的旅游产品已不能满足消费者的需求。相反，那些摆脱了单一功能、能够为游客提供独特而丰富的旅游体验的综合性目的地越来越受欢迎[①]。与此同时，大众消费结构的多元化也促使以多重功能为导向的空间布局成为一种发展趋势。

“旅游地功能分区”的理论最早由美国的冈恩提出。他认为，一个度假区一般由两类功能区和线性连接通道组成，一种是服务社区，另一种是吸引物集聚体，二者之间通过道路连接，以服务社区为中心枢纽达到整个度假区与外界相连接的目的。在不断开展的学术研究中，我国学者以“旅游地功能分区”理论为基础，逐渐形成了这样一种普遍认知：“旅游目的地的功能分区通常就是依托一定空间区域形成有不同功能和属性的地块，每个地块有自己的功能。”[②]

根据我国学者的看法，结合帕维纳度假村丰富多样的旅游资源，从资源满足游客需求角度出发，可以将其划分为休闲服务区、康体疗养区、别墅居住区、有机农场区四大区域（见表 14–1）。其中以泰式排毒和瑜伽项目为核心吸引物的康养疗养区为整个度假村的核心区域，其他住宿、餐饮、娱乐以及辅助性服务设施，都建在了核心区的周围。

表 14–1　帕维纳度假村功能分区

分区	主题	主要功能	主体项目
别墅居住区	有机、自然、泰北风情	住宿	独栋、联排、叠拼等各式别墅

① 郝金连，王利，孙凡凯 . 城市旅游目的地旅游资源空间分布与旅游功能区重构：以大连市为例［J］. 湖南师范大学自然科学学报，2021，44（06）：37–45.

② 谢晓红，郭倩，吴玉鸣 . 我国区域性特色小镇康养旅游模式探究［J］. 生态经济，2018，34（09）：150–154.

续表

分区	主题	主要功能	主体项目
休闲服务区	休闲体育	运动养生	室外泳池、有机餐厅、户外网球场、丛林跑道、健身房、泰拳馆等运动健身场地和器械
康体疗养区	排毒疗养	身体排毒	水疗中心、排毒中心
有机农场区	有机农业	原材料产地、参观、科普	有机农场

第五节　经验总结

一、树立形象，打造特色康养旅游品牌

对于一个旅游目的地来说，鲜明的旅游形象更能吸引目标游客。帕维纳度假村成功背后的一个主要原因就是形成了自己鲜明的旅游形象，构建了独具特色的康养旅游品牌。

帕维纳度假村依托于湄安山谷良好的自然生态环境，通过深入挖掘当地特色排毒文化和按摩技术，着力打造一系列康养旅游产品，构建了“排毒养生度假村”的旅游形象。同时，将泰式按摩技术、酵素美食等养生食品和技术，以及清迈康养风光带，全部融入康养旅游形象中，塑造了特色康养旅游品牌。

旅游形象是对一个旅游目的地的特色和本质的提炼。它对游客的目的地决策起着关键性作用，是旅游营销和推广过程中的重要一环。在开发康养旅游产品时，旅游目的地需要提取当地资源特有的康养属性和文化特征，并将其升华为公众认可和熟悉的旅游形象，以此来吸引游客，进而产生口碑效应。

二、多产业融合提升康养旅游产品供给

按资源开发利用类别严格区分，帕维纳养生度假村为森林康养和中医药康

养结合的目的地。度假村从森林资源、排毒文化等资源基础出发，以农业、服务业等为产业支撑，为产品开发提供一定的内容来源。

依托于这些资源基础，在产品供给上，帕维纳度假村成功打造了“康养+旅游+有机农业”“康养+旅游+排毒文化”“康养+旅游+服务业”模式的康养旅游产品产业链，实现了健康、旅游、文化、农业和服务业五大产业的有机统一，既提升了康养旅游的深度又提升了其广度。同时，通过不同产业之间的融合与互动，将康养的联动性落到实处，使帕维纳度假村的康养度假产业实现了规模化的稳步发展[①]。

（一）康养+旅游+有机农业

康养本身与乡村田园就具有天然的联系，康养业的大发展离不开它的依托和支持，一方面它为康养提供了丰富而富有特色的养生食材，另一方面它又提供了田园采摘等衍生田园体验项目，提升了农业的附加值。

帕维纳度假村主要依托所在山谷的自然景观、舒适凉爽的气候和原生态绿色空间，建造了农业康养项目——有机农场，让游客体验亲近自然、回归休闲的田园生活，达到养性、养心、养生的康养效果。它还努力将种植、采摘和加工的场景转化为文旅参与项目。一方面，吸引了康养旅游者进行参观考察，体验帕维纳度假村纯生态的休闲体验生活，增加旅游者康养期间的生活情趣；另一方面，又可通过提供实地考察参观体验活动，加深旅游者对帕维纳“健康、有机、自然”绿色理念的认识，从而收到比单纯广告更为有效的宣传效果。

（二）康养+旅游+排毒文化

文化产业与康养产业融合发展的关键在于资源共享与短板互补。优美的自然环境与文化生态，不仅是将文化旅游产业做好做强的必要条件，也是打造高品质康养基地的良好基础[②]。帕维纳度假村依托良好的自然生态环境和当地排毒文化，大力发展排毒养生经济，形成以水疗排毒、食疗养生、按摩排毒为核心，以按摩体验授课等项目为辅助的优质排毒养生度假区，且建造了全国排名

---

① 原山原水文旅研究院．大趋势！融合“康养”，已成为全球传统酒店转型的“救命药”！［DB/OL］．（2020-04-16）［2022-10-04］．https://www.163.com/dy/article/FABLKBE005389XPI.htm.

② 刘惠娟．产业融合视角下康养旅游发展模式及路径探析［J］．当代旅游，2019（11）：260.

前十的排毒中心，享誉世界。

在这个过程中不但实现了短板互补，特色的排毒养生文化也赋予度假村康养产业更多文化内涵，从供给侧提升了度假村康养产业的品质，形成了自己的特色，创造了品牌优势。

（三）康养 + 旅游 + 服务业

康养旅游目的地的核心竞争力并不仅仅停留在好山好水上，完善的生活体系和专业周全的服务才是吸引消费者的关键[①]。同时，康养旅游产品是深度体验型旅游产品，在产品开发层面，除了要满足吃、住、行、游、购、娱等多功能服务配套外，还应注重满足游客的心灵净化、认同归属、文化体验和社会关系等精神需求。

帕维纳度假村在开发康养旅游产业时，结合地域资源、泰国特色排毒文化，成功地将产业拓展到住宿、娱乐、餐饮等服务业的发展，包括独具特色的别墅居住区、可以体验食之本味的生食餐厅、满足客人运动健身的娱乐场所，这一系列产业链为“康养 + 旅游 + 服务”跨界融合提供多种模式和业态。

同时度假村的“住”服务体系也是其获得消费者青睐的一大原因。其居住体系设计处处以健康养生为理念，为人们提供了冥想静思的空间与环境，使客人达到在恬静的气氛中修身养性的目的。而且度假村的客房服务也格外贴心与周到，力求让客人可以获得如回家一般的归属感。在客房内有为客人专门配备的雨伞、保险箱、空调、LED 电视和直拨电话，且 Wi-Fi 全覆盖，所有入住的客人均可便捷地使用。服务人员会提前为客人准备好电热水壶和咖啡壶 / 茶壶，以满足其饮水需求。针对喜欢安静用餐环境的客人，度假村还会提供送餐服务，针对国外旅游者还会提供额外的旅游定制服务，努力做到尽善尽美。

三、注重体验性项目的建设

与传统的旅游形式相比，康养旅游的特点是停留时间长、旅游节奏慢、购买力强、重游率高和具有医疗保健作用。与此同时，市场需求也发生了变化，

① 徐虹，于海波.大健康时代旅游康养福祉与旅游康养产业创新［J］.旅游学刊，2022，37(03)：10-12.

越来越多的旅游者更加倾向于前往异地去追求一种“沉浸式”体验的生活方式。因此，一个高质量的康养旅游目的地不仅需要依托稀缺的康养旅游资源，而且需要更加重视客户体验[①]。借助消费者的亲身体验实现价值增值，因为消费者更容易为自己独特的体验而买单，从而为康养地带来较为持久的经济利益，实现康养旅游的可持续发展。纵观全球一些运营较为成功的康养旅游目的地，其吸引众多消费者甚至全球眼光的旅游项目都具有较强的体验性[②]。

帕维纳度假村也格外注重消费者体验感的培养，这种体验感也体现在其康养旅游产品体系的方方面面。如生食餐厅的主厨会亲自教授客人有机生食课程，并可以实现手把手教学，让客人在品尝美味珍馐的同时，享受自主料理健康有机餐食的乐趣；专业按摩师会教授给客人部分特色按摩手法，让客人不仅可以获得亲身体验，还可以将这种体验传递下去；同时度假村利用有机农场的优势开发田园采摘、种植、畜牧养殖等体验性项目，体验性的东西并不一定要花很多钱，这种类似于家庭农场的环境提供的就是生产简单的快乐，让人们在实现休养生息的同时感受乡村田园生活的美丽和乐趣[③]。

---

① 倪明辉.黑龙江省民族地区康养旅游产业跨界融合模式研究［J］.黑龙江民族丛刊，2022（02）：82-89.

② 马东跃，马伊莎.品牌创新感知对游客康养旅游行为的影响［J］.商业经济研究，2022（10）：82-85.

③ 蒲培勇.我国西南地区田园康养产业发展路径研究——以攀枝花仁和区为例［J］.农业经济，2022（05）：96-97.

第十五章

瑞典拉普兰德『北极浴』酒店——漂浮于卢勒河上的水疗酒店

瑞典拉普兰德地区，被称为“北欧最后的旷野”，这里不仅有壮美的北极风光，更是欣赏北极光的绝佳地点。2020年2月，一家专注于健康养生的酒店漂浮于卢勒河之上——瑞典拉普兰德“北极浴”酒店。

第一节　瑞典拉普兰德——北欧最后的旷野

一、冰雪王国

拉普兰德（Lapland）位于北欧地区，横跨挪威、瑞典、芬兰北部以及俄罗斯的科拉半岛，面积达109 702平方千米。拉普兰德虽然跨越多个国界，但不作为统一的政治实体存在，从规模上看，其面积相当于荷兰、瑞士和比利时的总和，有近四分之三的面积位于北极圈内，这里优美独特的极地风光吸引着世界各地游客的到来。

拉普兰德三面环海，西面是挪威海，北面是巴伦支海，东面是白海，地形复杂多样，这里有湍急的河流、巍峨的山脉、茂密无垠的森林和星罗棋布的湖泊。瑞典最高的山（凯布奈凯斯）和最深的湖泊（霍纳文）以及最北的城镇（基律纳）都在这里。地区内部水系发达，有无数的江河、溪流和湖泊，松软的沼泽和茂密的森林拼接汇融，形成一幅巨大的蓝绿拼图。

由于地处高纬度地区，拉普兰德的气候类型是极地气候，冬季寒冷而漫长，通常从9月开始降雪，甚至到次年6月还会有暴风雪。10月入冬，来年5月才开春，冬季长达8个月。冬日来临，拉普兰德被皑皑白雪完全覆盖，放眼望去，犹如一片无边无际的白色仙境。冬至前后，极夜来临，人们可以在此欣赏到无边黑暗里闪烁着的神秘北极光和24小时不灭的璀璨星光。5月，当芬兰南部已经春暖花开之际，这里仍是一片纯白的冰雪世界。5月中旬，短暂的春天过去，人们便可以在拉普兰德看到黄昏的太阳还未落下黎明的日出便已呈现的景象。等到夏至来临，午夜阳光成了这里一大著名的自然景观。太阳会这样一直挂在天边，直到7月底。9月，秋天的拉普兰德是彩色的，当人们站在山头眺望，会看到红、褐、黄、绿、紫勾画的风景，像一盘七彩的调色盘，囊括了数不尽的秋色。多雨的秋日过后，是冬日的梦乡，随着纷扬的雪花飘落，拉普兰德穿上银白的雪装，放眼望去，森林、河流全被皑皑白雪覆盖，开启新一年的冰雪世界。

独特的地理位置和气候条件让这里保持粗犷、神秘、天然的气息，拉普兰德也因此被誉为“北欧最后的净土”，生活在这里的土著居民也保持着天然的生活方式。萨米人，又称为拉普人，是居住在拉普兰德的土著人。传统的萨米人身材矮小，皮肤棕黄，高颧骨，头发多为深褐色、灰棕色，甚至是黑色。近一万年来，萨米人一直生活在斯堪的纳维亚半岛北部的北极地区。这种土著文化在语言、传统习俗和驯鹿等方面体现得仍然非常显著。到这里游览，游客既能够欣赏到壮美独特的自然风光，又能观赏萨米人精彩绝伦的驯鹿和套鹿表演，还可以坐上鹿拉雪橇在冰天雪地尽情感受大自然的怀抱。驯鹿放牧的人们可以自由穿梭在芬兰、挪威和瑞典的开放边界。

二、童话世界

拉普兰德除了拥有绝美的极地风光和独特的土著民族风情，还有全世界小朋友的梦想，因为拉普兰德被誉为“圣诞老人的故乡”，传说每年圣诞老人便是从这里乘着鹿拉雪橇腾空出发，向世界各地的孩子们送去圣诞礼物。

圣诞老人村是拉普兰德的著名景点，每年都会收到来自世界各地的小朋友寄来的书信。如果你来过拉普兰德，一定会明白圣诞老人为什么会选择住在这里，这片雪白的梦幻般的极北之地，没有一丝现代工业污染，没有一丝尘埃，所到之处全是广袤无垠的森林、冰冻的湖泊和港湾，纯净的旷野和悬挂在天边的北极光，闪烁着绚丽神秘的光芒，这一切就像是童话世界般静谧安详。也只有这样的童话世界才是圣诞老人的故乡。

第二节　瑞典拉普兰德北极浴酒店——漂浮的水疗胜地

瑞典北部是一片广袤无垠的山脉，这里有大片的松树林、冰川和极地平原。瑞典北部即瑞典拉普兰德，东部被曲折的海岸线环绕，星星点点的岛屿点缀其中，这里不仅有壮美的自然景观，也是欣赏极光的绝佳场所。2020 年 2 月，瑞典拉普兰德地区的卢勒河上浮现了一座鸟巢状的建筑物，悬浮于冰河之上，这是一家致力于康养旅游的水疗胜地——北极浴（Arctic Bath）酒店。

一、北极浴酒店的有机设计

北极浴酒店的设计理念最初是于树屋酒店“Treehotel”开业期间被构想出来的，是同一开发商所有的位于瑞典哈拉斯村的另一份产业。

北极浴酒店坐落于卢勒河之上，在很长的一段时间里，卢勒河是重要的交通航道，人们坐船和运输都离不开卢勒河。冬天的卢勒河是一条冰冻的小路，夏天人们则用小船和木筏来运送人和货物。尽管之后人们开始倾向于公路旅行，但一直到 20 世纪 60 年代，卢勒河依然被用于运输木材和焦油桶，在春天的几个星期里为居民们的经济收入做出贡献。一直到今天，卢勒河仍然被认为是瑞典最赚钱的河流，即使木材运输的黄金时代已经过去。

建筑师贝蒂尔·哈斯特罗姆（Bertil Harström）和约翰·考普（Johan Kauppi）正是从中获取灵感，设计了“北极浴”酒店。河流上的漂流木随水流汇聚，形状酷似鸟巢。因此北极浴酒店的主体建筑便是一个鸟巢水疗中心，周围是 12 间分散在河岸边的小木屋。一条坚固、美观的漂浮木栈道连接着水疗中心和精致的小木屋。每间小屋都用木材、石头、皮革和当地的奢华纺织品作为装修材料，采用瑞典森林工业设计风格，整座建筑就像是用当地材料制作而成的精致燕窝，意在让环境与奢华自然交融，给每一位来宾极致享受。

这个位于北极圈内的天然温泉疗养院的建造贯穿着有机设计的理念，体现了创新性和冒险精神，建筑与周围自然环境巧妙结合。设计师在欧洲最北部为高端的旅行家们奉上一片纯净的自由乐土，同时又在细节里严格遵循生态友好概念，例如提供环保水疗长袍和泳衣，让客人真切融入这片纯净的原生态世界，提供兼具奢华体验和环境保护的旅行方式。设计师旨在提醒游客和居民水对于整个地区和国家的重要性以及木材的珍贵，希望能表现建筑与自然的美好对话，唤起人们对于森林资源的保护意识。

二、北极浴酒店的建筑奇迹

北极浴酒店因为其“令人惊叹的辉煌”建筑而被《国家地理》杂志认定为世界上最好的新酒店之一。那么，酒店的哪些地方称得上“建筑奇迹”呢？

这个 2020 年 1 月才开始全年运营的酒店，坐落于卢勒河畔，这里属于极地气候区，随着季节的更替，酒店会在漂浮与冰冻之间不停切换。夏季，它随着水流自由漂浮；冬季，它静止在冰冻的河面上。这是一个会“动”的建筑。正是这个会“动”的建筑给了设计师们挑战。

这个漂浮的北极浴酒店在河面平台上有一个圆形的原木网，小木屋被架在杆子上，通过木头栈道与主体建筑相连。尽管在陆上建造比在水上建造的难度要小很多，但秉持着生态友好的设计理念，酒店的建造在不影响水流和电力的情况下，需要建筑师们谨慎确定木屋离地的高度。

这些漂浮在河上和驻扎在陆地的小木屋，如同一顶顶木制帐篷，每一个房间都配置了燃木壁炉和大落地窗，以保证温暖度和极佳的视野。客房也设置了朝向天空的大窗户，方便住客躺在床上观赏极光。

酒店的每一处设计都旨在关注整体健康，包括身体健康、心理健康以及环境健康，带给人高标准的舒适度和极致的精神享受。

三、北极浴酒店的活态运营

在人们越来越重视养生的当下，康养酒店还处于市场起步阶段，有着很大的发展进步空间。北极浴酒店是一家 2020 年刚开始运营的康养酒店，提供给客人独特的酒店和温泉体验，酒店秉持着生态友好理念，让客人在尽情感受北极圈的同时，留下最小的环境痕迹。

北极浴酒店位于哈拉斯村，游客可以乘坐直升机或者汽车前往这里，瑞典拉普兰德的中心位置，距离吕勒奥大约 85 千米。无论游客选择乘飞机还是铁路来到这里，都可以选择私人接送服务到达酒店。客人的北极之旅将从到达机场或者火车站的那一刻开始，如果选择了汽车接送，酒店安排的车辆很容易被客人发现，在前往最终目的地之前，司机会带着客人参观该地区，并介绍北极圈的故事。

在鸟巢状的水疗中心内，设有一个巨大的冰水浴池、三间桑拿房、一间水疗护理室和浴室。在酒店中心的冷水浴池内，客人一边泡汤，一边观看舞动在天边的神秘北极光。冷水浴的目的是让客人在桑拿之后立刻跳进去，感受冰火两重天带给身体的极致体验，这是北极的传统习俗。

天然、可持续的建筑材料和丰富的北极历史为住客在北方的天空下创造了一个完美的休憩之所。

一个 62 平方米的小木屋里可以容纳 5 个人，一条螺旋形的楼梯通往阁楼。小木屋被架在杆子上，矗立在岸边的植被中，通过一条漂浮的栈道与岸边相连。木屋外是 57.5 平方米的木制甲板，这里是冥想、品味咖啡、夏季进行日光浴和冬季欣赏极光的完美场所。双人间的小木屋里有一张 160 厘米宽的双人床、一个可以淋浴的浴室，有空调、迷你酒吧、地暖和燃料炉。

每年 6 月中旬到 9 月中旬是最佳的夏季入住时期，瑞典北部因地区持续度过漫长的黑暗冬季而得到回报。从 5 月下旬到 7 月中旬，太阳 24 小时照耀在天边，在日出和日落之间，午夜的太阳从地平线下放射出夺目的光芒。而在北极浴酒店，人们可以在地球上其他地方天还没亮的时候去游个午夜泳，感受睡梦中的野生动物和自己的呼吸心跳。

客人在预订北极浴酒店住宿的时候，酒店会推荐预订晚上的北极烹饪晚餐体验，并要告知酒店过敏症和食物限制，厨师会据此精心策划套餐，并尽最大努力满足住客的饮食需求。北极浴餐厅奉行天然、当地和可持续的理念，主厨从北欧的历史和风景中汲取烹饪的灵感。主厨用全新的方式改良地道的北欧传统佳肴，为北极浴酒店餐厅开发出全新的餐饮服务。在主厨设计的菜肴中，客人可以明显感受到来自北欧的各种自然元素点缀在舌尖的美好。

酒店虽然位于北极圈内，但仍然设有社区休息室、购物中心、以天然水坝为模型的餐厅等豪华设施，以满足客人的各种需求。住在这里，夏季推门而出，迎面便是波光粼粼的河面和一片静悠悠的绿色。每一栋小木屋前面都有一条楼梯，可以顺着楼梯步入卢勒河的怀抱，背后是木栈道，走过栈道回到岸边，开启徒步之旅。

北极浴漂浮水疗酒店的管理者表示，在这座处于瑞典拉普兰德的桃花源地，他们愿意与志同道合的旅行者、冒险家和探险家一起，在精致考究的生活方式中感受北极圈美好的自然世界。

第三节　北极浴酒店的水疗文化与康养活动

一、北极浴酒店的康养特色——冰浴

康养酒店与一般酒店存在着区别，康养酒店的健康和疗养功能较普通酒店更为强大。康养酒店通常是根据客群主要诉求，从身体、情绪、心理以及精神四个层面入手，将健康养生理念贯彻到客群的酒店入住体验全过程中，配以相应的基础设施及服务。这使得康养酒店与常规的度假酒店形成了很大的区别。

康养酒店以为高端客源提供康养服务为首要目的，客源消费能力强大。常规度假酒店大多服务于休闲度假的大众客源，消费能力不等。康养酒店客人大部分时间停留在酒店，通常以 3~5 天居多，而度假酒店客人多外出游玩，住宿以 1~3 天为多。同时二者在服务设施和收费模式上也具有明显差别。康养酒店以康体服务为核心，度假酒店以客房和配套服务功能为核心；前者多按照康体疗程套餐收费，后者多按照房间夜价收取费用。针对二者提供的不同服务和体验，住客也有着不同的表现，康养酒店较休闲度假酒店有着更高的客户复住率。

在全球疫情常态化的背景下，康养产业迎来的全新的发展机遇，各大领域都开始探索“康养 +”的模式，力求加速进入新赛道，抓住新机遇。近年来，酒店行业也逐渐开始将“康养”理念融入酒店产业，使之成为传统产业转型的抓手。一直以来，人们提到“康养”就以为是“健康 + 养老”，其实这是一个误区，“康养”其实是“健康”和“养生”的结合体。而这座漂浮在卢勒河上

的北极浴酒店，最大的卖点除了观看极光外，便是“冰浴”了。

二、北极浴酒店的康养服务——桑拿、水疗、冷水浴

桑拿起源于芬兰，因此桑拿浴又叫“芬兰浴”。“SAUNA”（桑拿）在芬兰语中指的是“一间没有窗子的小木屋”，是指在封闭房间内用蒸汽对人体进行理疗的过程。通常桑拿室内温度可以达到60℃以上。通过不断对全身反复干蒸冲洗的冷热刺激，使血管反复扩张及收缩，达到增强血管弹性、预防血管硬化的效果。

在北极浴酒店的木制桑拿房内，热炉上烘烤着特有的岩石，温度达到70℃以上，然后往岩石上泼水，产生有巨大冲击力的蒸汽，整个房间的温度和湿度大幅提升。在桑拿房里，全身毛细血管得到扩张，身体出汗量大大超过平时的一般运动，这样大量出汗有助于排出身体内的各种垃圾；由于身体反复地冷热交替干蒸冲洗，血管不停收缩扩张，运动生理学赋予了这个过程一个有趣的名词——血管体操，这个过程能增强血管弹性，预防血管硬化。结束之后，你会感觉到全身的肌肉都得到完全的放松，疲劳消除，体力恢复，这对于工作劳累者而言，是一种高级的享受和休闲。

桑拿10分钟相当于长跑10千米，因此桑拿也具有健美减肥的功效，在皮肤表层排出大量汗液的同时，排出大量的皮下赃物，从而提高表皮细胞的通透性，活化细胞，因此桑拿兼具美容养颜、延缓衰老的功效。在北极浴酒店的桑拿过程中，肌体会不断吸收炉上特有岩石散发出的有益健康的微量元素，有益于增强身体免疫力，预防疾病。

水疗法是利用各种不同成分、温度、压力的水，以不同的形式作用于人体，以达到利用机械及化学刺激作用来防治疾病的目的。水疗是一种增进身心健康的活动模式，通过水中含有的矿物质和水的温度达到缓解人体疲劳、放松身体和保健养生的作用。

北极浴水疗中心有一个冰水浴池、三间桑拿房、一间护理室和浴室。北极浴场的客人，可以完全使用SPA设施，包括2个干式桑拿、1个蒸汽桑拿、2个室外按摩浴缸以及露天的冷水浴池。在入住之后，客人会收到一个SPA套件，其中包括浴袍、泳衣或短裤以及其他的一些SPA产品，在入住之后都可

以带回家。同时，客人可以向酒店的治疗师预约热河治疗，包括面部护理、美甲护理、身体按摩等项目。半个小时到一个小时的面部按摩适用于所有类型的肌肤，治疗师会首先评估并讨论客人的皮肤状态，根据客人的需求使用不同的脸部疗程。这些疗程中所使用的草药和浆果都来自拉普兰德，并且它们都被提炼成了奢华的化妆品，提供给来访的游客们。

45 分钟的桑拿体验，会带你领略直抵心灵的 3 个不同时刻：净化、放松和清净。在这个过程中，将结合桑拿的温暖和卢勒河冰冷的河水的浸泡，从而促进血液循环及新陈代谢、放松肌肉、软化软组织等。客人可以在欣赏美丽极光的同时，享受传统的瑞典桑拿，在热水浴缸里体验水疗的舒适，最后跳入寒冷的“北极浴”，让冷水降低疼痛感、消炎、消水肿，感受冷热交替给身体带来的极致体验。尽管很多客人表示不会尝试这样“极端”的康养方式，但事实上，绝大多数客人都亲身体验了冰浴，甚至不止一次。体验之后的客人说这让他们忘却了身体疾病和生活烦恼，感到身心无比舒适和放松。

在水疗的全过程中，河水抚平了人们的思绪，由内而外地治愈心灵，身体的很多器官也得到了舒缓和放松。

皮肤作为人体最大的器官，具有丰富的毛细血管和神经末梢，因此皮肤血管的扩张或者收缩对于体内血液的分布状况会产生很大的影响，皮肤毛细血管扩张时能容纳的血量达到全身的 1/3。同时皮肤上有着大量的脊神经和植物性神经的神经末梢，对于末梢神经的刺激，可以影响内脏器官和中枢神经的功能，从而达到消炎、镇痛、退热、催眠、发汗、兴奋、利尿和减轻肌肉韧带的紧张度、促进新陈代谢、缓解痉挛、改善神经系统调节功能等作用。

一般认为肌肉的应激能力在受到短时间的冷刺激时会增强，肌力也会随之增强，从而缓解疲劳；温热作用下可以缓解肌肉痉挛，提高肌肉的运作能力，减轻疲劳感，同时在热作用下，身体内血管扩张，血氧含量增加，新陈代谢加速，都有助于缓解肌肉疲劳。

因此在这座漂浮在卢勒河上的北极浴酒店进行水疗，可以说是人生的一大享受。在享受桑拿带给全身血管扩张，大汗淋漓的酣畅之后，跳入冷水浴池，毛细血管骤然收缩，心搏加速，血压升高，之后开始血管扩张、心搏变缓、血压下降，整个过程极大减轻了心脏的负担，提高了心肌能力，让心搏变缓，改善心肌健康。

在北极浴酒店，住客可以享受桑拿、水疗和冷水浴等传统的瑞典养生方式带来的身心裨益，在自在惬意的全新体验中，感受焕发新生的喜悦。客人可以根据自己的需求和偏好，享受遵循社交距离原则的专业护理服务。理疗师会指导客人进行桑拿和冰浴，通过冷热交替的方式调理呼吸，提高身心健康。

有位芬兰诗人说过：桑拿是天堂的入口，也是地狱的出口。当来到北极浴的客人经受住了冰与火的挑战，身心压力得到彻底释放，皮肤和肌肉变得放松之后，整个人的身心仿佛如卢勒河水般湛蓝，如雪峰般纯净，天地与我合一的感觉油然而生。

三、北极浴酒店丰富多彩的户外活动

除了进行水疗活动，北极浴酒店也提供给住客丰富多彩的户外活动。你可以在早晨呼吸完清新的空气，穿上雪鞋远足，骑上宽胎自行车畅游，跟北极圈内的野生动物如狐狸、驯鹿和森林鸟类等合影，参观北极熊，或者在当地向导的引领下进行驼鹿旅行、乘坐狗拉雪橇体验圣诞老人的快乐。你也可以从酒店出发，沿着河岸悠然散步，去热情好客的萨米人家中做客，品尝他们用当地野果制作的美食，聆听他们在北极圈生活的故事。

（一）冰钓

这是寒冷冬季里的一项户外活动，导游会提前告诉大家所有关于冰钓的技巧，在3个小时的行程里，将有机会直接从湖里钓到红鳍鲈鱼。

（二）自驾哈士奇之旅

在5个小时的时间里，坐在导游雪橇上的驯鹿皮毛上，与朋友一起体验在白雪皑皑、人迹罕至和安静的冬季风景中滑行的感觉，这是一种未经开发的、安静的冬季景观。旅客共用一个雪橇，一个驾驶，一个乘坐。阿拉斯加雪橇团队将跟随经验丰富的导游团队，他们给予住客安全指导。在亲近自然、穿越白色森林和冰冻湖泊之后，会在中途停下来，在冬季风景中的噼里啪啦的火堆旁吃小点心。这时是拍照和与狗拥抱的好机会。

（三）雪地远足

客人可以穿雪鞋或乘车到森林里去游览，在那里有机会看到驼鹿或者生活在北极森林中的各种野生动物。乘坐雪地摩托观赏北极光，在舞动的极光下享受每一个静谧的夜晚。来自拉普兰德的野生草药专家和文化向导会带着客人去温泉附近的森林里散步，与大自然亲密接触，发现生长在北极的绿色宝藏。他们带着美味的点心、可口的曲奇、有资质的草药茶和一些天然纯净的健康产品跟客人们分享。

（四）户外烹饪体验

如果徒步出发，去领略拉普兰德的野外风光，在了解当地动植物的同时，客人们可以采摘可食用的植物来搭配当地美食，并制作一些美味的野茶。当大家都围坐在火堆旁边时，当地的北极向导会分享很多故事，并教会大家如何以北极的方式生出适当的火，如何通过融化干净的雪来给自己煮咖啡喝。

（五）参观村庄，享受瑞典咖啡

当徒步累了，你可以走进萨米人的村庄，他们会告诉你关于村庄的一切，它在过去是怎样的以及它是如何发展到今天的。同时你也有机会参观他们的房屋和宏伟的埃德福斯教堂。在离开之前，你坐在拉普兰德景点房屋的壁炉旁，一边喝正宗的瑞典咖啡一边听故事和 joik（萨米人的传统歌声）。在夏天，你可以自由地采摘一些越橘、蓝莓和云莓。

（六）参观斯托福森自然保护区

在距北极浴酒店不远的地方有一个斯托福森自然保护区，这里有壮美的河流景观，有北欧最丰沛的激流，即使在极度寒冷的时候河水也能流淌。斯托福森激流是欧洲最浩大的激流。在冬天，你可能会看到水绕过一些岩石上面出现的冰面；在夏天，你可以享受自然保护区内自然形成的小水潭。在自然保护区的森林和皮特河之间有许多小径可循，你也可以在许多火坑中停下来烤火。在通往斯托福森的林间碎石路上，睁大眼睛看一看，有很多机会可以看到驯鹿和其他野生动物。一旦进入自然保护区，就可以按照自己的节奏，漫步在 2000 米长的自然小径上。木质步行道将带你到上游，并接近激流。导游将在这里迎接你，并陪同你到温暖的火炉旁，享用用传统的穆里卡锅制作的有机餐。

（七）滑雪

如果想在瑞典拉普兰德滑雪，可以在距离酒店仅有 15 分钟车程的斯托克林顿（Storklinten）的越野滑雪道上试一试，这个受欢迎的自然保护区全年都吸引着当地人和游客、初学者和老手，是对北极浴酒店的完美补充。他们提供 11 个斜坡，还有一家餐厅提供午餐和美味的咖啡。设备可以租借，但一定要有北极浴酒店提供的滑雪证。

总之，北极浴酒店提供给住客极致奢华却又丰富多彩的住宿体验，你可以在此一边观赏天边舞动的北极光，一边享受舒缓身心的水疗服务。

第十六章

冰岛蓝潟湖 Blue Lagoon 度假酒店——抚慰灵魂的蓝湖仙境

冰岛蓝潟湖 Blue Lagoon 度假酒店（以下简称蓝潟湖度假酒店）起源于人们对蓝潟湖的好奇探险，从第一批游客开始涉水几十年后，蓝潟湖已经从一个微不足道的好奇之处变成了一个不同寻常的目的地，被视为世界奇观。其卓越的康养价值更是闻名世界，它成为世人心中抚慰灵魂的蓝湖仙境。

第一节　酒店概况

一、地理位置

蓝潟湖发源于冰岛境内的雷克雅纳斯半岛，该半岛横跨中大西洋海脊，是北美板块和欧亚板块交会的构造边界。板块交接的地理位置使得该地区火山众多，并因此成为地热现象的仙境，随处可见陨石坑、裂缝、泥潭、蒸汽喷口、温泉和苔藓覆盖的熔岩场。蓝潟湖度假酒店距离凯夫拉维克国际机场仅 20 分钟车程，距离首都雷克雅未克 45 分钟车程，成为距离雷克雅未克最近的温泉之一，也成为客人抵达和离开冰岛的热门第一站或最后一站。对于以租车或其他方式参加蓝潟湖之旅的人来说很容易到达；对于无车一族，该酒店还开设了快速穿梭巴士，方便游客前往和离开酒店。因此，众多游客选择在抵达该国后或离开前直接参观，作为其接风洗尘或告别的一种仪式，特别是那些参加导游套餐和自驾游的人。此外，由于地理位置优越、资源环境优质、服务设施优渥等原因，蓝潟湖度假酒店还吸引着那些在长途飞行或充满动感的假期之后，几乎没有更好充电方式选择的本地或外地游客。

二、历史沿革

蓝潟湖度假酒店所处位置地热资源丰富、自然风光优美，早在 1928 年冰岛人就在雷克雅未克建起了地热供热系统。地热不仅为城市的工业提供了能源，也为区域内服务业的发展提供了资源基础。蓝潟湖度假酒店便是在这样的天然基础上结合人工构建出来的。1976 年，蓝潟湖仅仅是作为附近 Svartsengi

地热发电厂的废水池而存在，单纯地用于工业需求。1981 年一个名叫 Valur Margeirsson 的人进入此地，并萌生了在此沐浴的想法。但作为第一个直接利用湖水浸泡沐浴的人，Valur Margeirsson 在第一次进入湖面浸泡之前，仍然遇到了不少阻力。随后，Valur Margeirsson 和其他人开始注意到这片蔚蓝海水非同寻常且有着出色的治疗效果，尤其是那些患有牛皮癣等疾病的人发现水立即舒缓了他们的病情。消息很快传开。到 1987 年，第一家游泳设施正式建成并开放。1992 年成立蓝潟湖有限公司，致力于研究和开发水的主要元素——二氧化硅、藻类和矿物质。1995 年，随着研究证实了地热海水的愈合特性，蓝潟湖有限公司推出了著名的皮肤护理系列，并于 1999 年开设了现代水疗设施，于 2005 年开设了一家治疗牛皮癣的诊所酒店。此后，该机构不断发展壮大，从一个没有周围建筑的开放式游泳池逐渐发展成为一个集合了水疗中心、地热潟湖、研究中心、蓝潟湖酒店以及多种主题餐厅于一体的蓝潟湖度假综合体。迄今为止，蓝潟湖的规模不断扩大并闻名世界，成为冰岛最令人印象深刻的温泉度假地。

第二节　经营理念及定位：发现奇迹，一个光彩照人的幸福世界

蓝潟湖度假酒店的核心资源为蓝潟湖，它有着明亮、动人的蓝色，其较高的康养价值给人以平静祥和的松弛感和幸福感，同时蓝潟湖本身的地热、火山、熔岩等资源也带给人们以新奇之感。因此，蓝潟湖度假酒店的经营理念和定位主要可以分为两个方面：发现奇迹与享受幸福。

一、发现奇迹：冰与火的双重体验

蓝潟湖最令人惊喜的莫过于其蓝色的湖水，不仅在于其拥有让人如痴如醉的色彩和缥缈之美，更因其即使在寒冬也可保持温暖，为人们带来一种水面之

上冰天雪地而水面之下温暖如春的冰与火交融的双重体验。

实际上，除了蓝潟湖水能够带来这种冰与火的新奇双重体验，在休养地还有更多新奇等待发现。每天早上，都有一个基于不同瑜伽风格的指导瑜伽课程，如哈达瑜伽、维尼亚萨瑜伽和昆达里尼瑜伽。还可以跟随导游徒步旅行，更加接近风景，探索蓝色潟湖火山周围引人注目的地质特征。在休息室门口还有一系列的冒险活动，包括乘坐豪华轿车游览雷克雅纳斯半岛令人惊叹的火山现象；乘坐私人直升机从空中俯瞰冰岛；乘坐 ATV 穿越黑色沙滩、绵延的熔岩场和死火山。

二、享受幸福：传统、创新和纯净

蓝潟湖度假酒店从设立之初便是为了传递幸福，在其经营理念中，幸福主要来源于对过去传统文化的传承、对创新的追求和对纯净生活品质的执着。

传统：蓝潟湖度假酒店传承了地方传统的美食文化、康养文化等。在美食烹饪方面，酒店坚持采用新鲜、应季的食材。因此，酒店餐厅的菜单往往跟随季节变换而变化，但与土地和传统始终紧密相连。而在沐浴水疗等康养作息方面，充分挖掘和利用地方传统的康养资源和疗法，例如利用熔岩蓝潟湖独特的强效矿盐系列、潟湖蓝藻等资源，采用最原始的浸泡方法滋养肌肤、洗涤灵魂。

纯净：蓝潟湖度假酒店致力于为顾客提供一种远离尘世的纯净、美好氛围，并从中感受幸福。这种纯净主要体现在两个方面，首先是环境氛围。蓝潟湖度假酒店总共包含 62 间套房与 35 间双人豪华房，其周围环绕着蓝色潟湖丰富的矿泉水，游客可以在这里离开凡尘世界，进入一个放松、恢复活力和探索的永恒王国。其次是餐饮、沐浴用品的原料纯净自然。冰岛禁止化学肥料和增长素的使用，也严禁肉类进口，所以，在冰岛吃的都是纯正的冰岛肉。

创新：从养生角度入手开展“养生理疗化”创新，在传统水疗 SPA 的基础上推出包括多种体验漂浮疗法、美容美体、氧吧、有氧运动等在内的养生理疗，以满足游客对提升生活质量和保健的要求。其中多种体验漂浮疗法增强了被动漂浮，将水和失重的滋养力量与温和身体的崇高乐趣相结合。人们通过感受在蓝潟湖中的温暖、失重，配合漂浮与柔软身体的催眠疗程，以达到放松心灵、舒缓身体并提升精神享受的目的。

第三节　理念及定位的实现："主题 + 氛围 + 特色 + 品位 + 品牌"的组合拳

蓝潟湖度假酒店在实现其经营理念方面有一套完整的程序与经验，概括起来主要包括主题打造、氛围营造、特色构建、品位提升、品牌创建五个维度。每个维度里都极大地体现着康养的内涵。

一、挖掘地域资源，确定主题脉络：疗愈之水 + 地下温泉 + 美食佳肴

蓝潟湖度假酒店所在地域位置有着丰富且优越的地热资源、矿物资源，周围风景秀丽、空气清新，是发展康养产业的绝佳场地。目前，酒店已经从成立之初的以水为单一资源，发展成了如今以水为主体，结合温泉、火山、美食等地方资源，确定了疗愈之水、地下温泉、美食佳肴三大主题，彰显着酒店卓越的康养意义。

（一）疗愈之水

蓝潟湖度假酒店内的水完全天然，有着较高的康养功能。这些水资源来源于 Svartsengi 资源公园的可再生能源水，含有丰富的二氧化硅、藻类和矿物质，对人体康养有着非常大的促进作用——二氧化硅带来光彩和清洁，湖蓝海藻带来营养和抗衰老作用，矿物质帮助去角质和恢复活力。淡蓝色的水域常年保持在完美温度 35℃ ~40℃，水深控制在 0.8~1.4 米。此外，疗愈之水不仅仅能够治疗人的身体，更会通过独特的方式让人们体验冰岛传统的水疗文化，从而净化、放松和启迪人的心灵。如正式进行水疗之前，往往会开展一系列仪式，如更衣、步入式淋浴、水内护理、浴后身体护理等。在坚持绿色可持续方面，从蓝潟湖的水源到电力系统，均从场地内的地热资源中获得动力，避免了其他能

源的消耗与废气等的产生及其对湖水的污染。

（二）地下温泉

冰岛的蓝潟湖自1996年被开发出来，便成为世界上最令人神往的地质胜地之一。蓝湖地热温泉是冰岛被访问最多的景点之一，冰岛蓝潟湖度假酒店就坐落其中，游客可以住在地质公园内部，从酒店套房一层便可直接进入公园，享受最原生态的自然疗养。

（三）美味佳肴

蓝潟湖度假酒店在全球负有盛名，也由此承担着国家形象和文化传播的重要作用。除了以自身的地热资源为基础提供SPA等服务外，蓝潟湖度假酒店的康养主题还体现在其再现和重塑冰岛传统美食之上。酒店总共有三个主题餐厅：苔藓、熔岩、水疗。它们立足于酒店的资源、环境、服务特色，向顾客展示康养的内涵。其中苔藓餐厅定位于冰岛美食的精致改造。该餐厅位于蓝潟湖的最高点，享有火山地平线的壮丽景色。菜单上的菜品涵盖了高山、河流到海洋的众多类型，每道菜都深刻展现了冰岛丰富、营养的美食文化，特色在于新鲜、地方性和季节性。2022年，该餐厅获得米其林指南推荐，这为其品质提供了参考和担保。该餐厅还有一个酒窖，是一个拥有数百年历史的熔岩的火山室，曾经熔化的墙壁上排列着来自世界各地的葡萄酒。这个地下保护区是餐厅体验中最令人惊叹的元素。熔岩餐厅建在蓝色潟湖西岸一座有800年历史的熔岩悬崖上，充满活力的美食和迷人的设计营造出令人难忘的美食体验。水疗餐厅位于酒店内水疗区，主要服务于刚刚做完水疗或即将进行水疗的顾客，顾客可以身穿浴袍，一边享受餐厅内的美食，一边欣赏湖面的蓝色风景。其特色在于食物新鲜、充满活力和可口。

二、优化场地环境，营造度假氛围：舒适＋归属感

度假环境与度假氛围是度假酒店的重要基础之一。通过优化场地环境，以主题脉络为指引营造度假氛围，能够有效地提升度假酒店的整体吸引力。优化环境、营造氛围是打造度假酒店的一项重要内容。蓝潟湖度假酒店通过合理的

空间布局、主客互动等方式打造出了专有的舒适与归属感。

（一）合理的空间布局

蓝潟湖度假酒店的空间布局并不强调外观上的气派，而是按照原始自然环境特点，结合借景衬托等设计技巧对酒店的内部功能布局进行合理安排。酒店内外部空间环境，主要分为固定空间和可变空间两种类型。蓝潟湖度假酒店很好地利用了原有外部自然环境这一固定空间，搭配自身建筑和人为景观这一可变空间，营造出舒适、和谐、宁静的氛围。进入酒店，首先会看到蓝绿色的蓝潟湖，远处外部美丽宁静的水面增强了酒店整体的安静气氛，整个人的精神和身体状态立刻得到放松。尊重于酒店所处的独特地理环境，设计师通过大量借景手法，努力保护和放大蓝潟湖自然而纯净的美丽。在模拟星光引导下，客人进入酒店的 SPA，光线透过带有穿孔图案的墙面洒进室内，保证了隐私也不会让人觉得特别闭塞。简单冲洗过后，便可去到室外温泉，自然美景尽收眼底。脱下浴袍，一旁就是浴盐的自取处，暖黄色的灯光从上往下照射，营造出幽静的氛围。通过一个洞穴式的地下系统，顾客可以选择两种水疗环境——私人（熔岩湾）和半私人（火山地球水疗馆）。

此外，酒店建筑与自然元素交织在一起，蒸腾的水汽漂浮在水面上，带来一丝神秘的感觉，夜幕降临、灯光亮起时又是另一番独特的美景。在北端，在顶层的新餐厅可欣赏整个建筑群的景色。水疗中心以西是一家豪华酒店，设有 62 间套房与 35 间双人房（见表 16–1）。其中套房均被潟湖环绕。入住的游客可从套间室内欣赏绿松石一般的湖水。套房将设计、专业服务、奢华氛围和地热海水的活力融为一体，创造出精致、多维、多层的空间。其设计总体讲究舒适、宁静、健康，分为上下两层，主要采用温暖的木材肌理，与混凝土熔岩表面相互结合，构建了真实且吸引人的空间氛围，微妙的原材料、触感以及自然材质，渗透到空间结构之中，在景观的衬托下构成了舒适的环境和氛围。在每一层、每一间，都能欣赏到与众不同的景致。下层主要可以欣赏到数百年前的熔岩和周围的潟湖，其中一些套房甚至可以直接进入潟湖；在上层，每个套房都有令人难忘的火山地平线视角。客房内部还设有数家餐厅、咖啡馆、水上酒吧、酒店、礼品店和带按摩设施的休闲区。

表 16–1 酒店套房类型及其差异

	套房类型	套房数量	大小	楼层	室外面积
套房	熔岩初级	19	40m^2（431ft^2）	下层	10m^2 私人露台
	潟湖初级	9	40m^2（431ft^2）	下层	10m^2 私人露台
	苔藓初级	28	40m^2（431ft^2）	上层	10m^2 私人露台
	苔藓套房	2	60m^2（646ft^2）	上层	26m^2 私人露台
	潟湖套房	3	60m^2（646ft^2）	下层	28m^2 私人露台，私人潟湖
	均可直接在房间内享受水中按摩、个性化室内按摩、美容治疗等康养服务				
	亮点：管家服务；灵活的入住和退房时间；欢迎设施（包括香槟、水果盘、蓝湖护肤品、礼物）；专用车道通道和专用入口；确保绝对隐私；直升机降落区				
双人房	熔岩豪华	13	26m^2（280ft^2）		私人阳台，熔岩景观
	山地豪华	17	26m^2（280ft^2）		私人阳台，山景
	硅石豪华	5	26m^2（280ft^2）		私人阳台，湖景（禁游泳）
	可进入区域内的私人潟湖；有高级入场券、Wi–Fi 覆盖、健身中心、礼宾服务				

（二）亲切的主客互动拉近彼此身心距离

酒店的气氛整体是非正式的和热情的，蓝潟湖度假酒店主张通过友好、亲切的交流互动让顾客放下戒备、放松精神、疗愈身心，以达到康养之目的。酒店工作人员享有较大的工作自主权，一定程度上扮演着酒店主人的角色。因此，在宾客逗留期间，酒店工作人员会同时承担向导和服务员的双重职责，服务范围包括但不限于管理行程、确认旅游预订、提醒北极光即将到来等。同时，酒店工作人员还会与宾客进行友好亲切的主客互动，向宾客灌输一种归属感。

三、设计特色建筑，构建度假载体：人与自然的统一 + 永恒的精致

酒店建筑群是度假酒店的核心载体。蓝潟湖度假酒店的建筑设计特色和原则主要体现在两个方面：一是整体建筑保持人与自然的统一，保护人与自然之间的联系；二是室内设计坚持永恒的精致原则。

从建筑整体来看，酒店设计之初便考虑到了要最大限度地减少建筑物对周围环境的影响。建筑和地质通过形式、功能和火山土的融合而统一起来，坚

持“大自然是向导”的设计原则，以大自然的本身特点为灵感源泉。休息室的首席建筑师、玄武岩建筑师的创始人 Sigríur Sigórsdóttir 表示“人们常常感觉到，任何给定的地点都是一场赌博”。因为在某些情况下，裸露的熔岩类型并不支持建筑设计要求的功能。在此种情况下，建筑师会停止工作（或者说停止对熔岩的破坏行为），转而研究和思考资源特征以便他们能够设计出将其纳入总体规划的策略。此外，建筑师们还会借助探索场地、研究土壤、寻找裂缝等方法，考量如何以最优的方式来布局。酒店的整体建筑是在崎岖的熔岩场地上进行的独立的设计，通过定义出场地的边界来保护环境，减少施工对环境的影响。酒店大部分由预制混凝土建造而成，从而减少施工现场的环境压力，混凝土的肌理从大厅的灰白色延伸到水疗深处的光滑深灰色，呼应了裸露的熔岩墙体。在整个酒店建筑中，穿孔外立面和室内屏风很好地呈现了自然图案，这些图案发现于熔岩内部的气穴之中，深色水磨石地板由当地熔岩砂石制作而成，搭配蓝潟湖的活性成分，如二氧化硅、蓝绿藻类以及矿物质盐等来保障整体环境和建筑寿命①。值得借鉴的是，蓝潟湖度假酒店的基础场地工作也服务于后来的室内装饰和景观设计。场地的珍宝、富含矿物质的水资源、崎岖的熔岩，以及历史悠久的苔藓等，都是建筑空间中的焦点，触发着建筑者和使用者的创作和生活灵感。为更好地与后来的室内装饰和景观设计相呼应，这一建筑过程与传统、典型的工作模式有所不同——在施工过程中根据施工进度灵活动态更改或调整设计方案。

从室内设计来看，在整个设计过程中坚持永恒的精致原则，其主要通过周围边界的形状、颜色和图案实现。从酒店的内部设计和景观装饰可以看出其永恒的精致意味着形状的简单明快、色调的和谐一致、材料和装饰的高质量、对细节的极度关注。不同于流行一时的极简风，蓝潟湖酒店的室内设计能够传达一种温暖和舒心的氛围。从本质上讲，永恒的精致努力建立了环境与人类的联系——当宾客进入休养地时，他不会离开大自然，反而是更深入地了解大自然。

---

① 建筑学1919.贴近自然的休闲胜地：冰岛蓝潟湖度假村［EB/OL］.（2022-09-26）［2022-10-14］. https://baijiahao.baidu.com/s?id=1745029134259017195&wfr=spider&for=pc.

四、构建生活方式，提升度假品位：身与心的康养

酒店住宿产品实质上是一种生活方式和生产方式的结合，对于住客而言，其住店行为具有生活方式的特征①。因此，酒店结合自身资源和目标顾客情况构建彼此认可的生活方式，对于提高度假酒店吸引力、丰富住客的度假体验具有不可替代的作用。而在这个构建的过程中，休闲项目是一项核心内容。

冰岛、拥有多天然温泉，且都可以免费进入，但它们多位于乡村且通常暴露于开阔的天空下，缺乏更衣室、淋浴间或浴室等必要设施设备，因此，像蓝潟湖这样的度假酒店能够获得顾客偏爱的重要原因在于其凭借一流的宾客设施、产品及服务，并通过设置收费等级、服务级别构建顾客认可且喜爱的生活方式，展示自身价值并提升顾客独家品位。同时，虽然蓝潟湖度假酒店的规模在不断扩大，但为了保证酒店产品和服务的质量，从而保障顾客的生活品质，酒店始终严格控制水疗中心、餐厅等场所的进入人数，因此即使售罄也不会变得拥挤。

具体来看，蓝潟湖度假酒店拥有豪华的家具、最先进的技术以及蓝潟湖的迷人景色。例如为承办会议或活动而建立的会议室中放置豪华皮革座椅、高清分辨率屏幕、3 个麦克风（1 个讲台，1 个手持式，1 个耳机）、Meyer 音响系统、摄像头、控制团队会议的 Logitech podium 触摸屏。室内设计则采用无缝集成的技术，同时根据会议的类型（如私人聚会、团队会议、商务会议等）进行专门化、特色化装潢。

从产品和服务来看，蓝潟湖度假酒店的主打康养产品为水疗，搭配保健品、美味佳肴和按摩等理疗服务，结合外部优美纯净的自然环境，为顾客构建一种身与心的康养生活方式。酒店内还设有桑拿浴室、蒸汽浴室和一个小瀑布，周围环绕着大量奇妙的火山景观，能满足顾客的视觉审美体验。对于不同的顾客，其水疗产品又可以划分为火山地球水疗馆和熔岩湾奢华专属水疗两种类型（见表 16–2）。

---

① 李鹏，黄继华，莫延芬，杨桂华. 昆明市四星级酒店住宿产品碳足迹计算与分析［J］. 旅游学刊，2010，25（03）：27–34.

表 16–2　两个主要水疗区域的对比

	火山地球水疗馆	熔岩湾奢华专属水疗
基本信息	水疗区总面积达 4116m^2，潟湖总面积为 900m^2	室内面积为 42m^2；私人潟湖为 35m^2
	温度常年控制在 35℃ ~40℃；深度一般在 0.8~1.4m	
特色	具有鼓舞人心的设计、迷人的地质和辐射健康的地下领域	在完全隐蔽、独立中体验奢华的专属水疗中心服务
配置	由一个富含矿物质的潟湖及潟湖周围环绕着的熔岩墙组成	包括一个私人潟湖、一个壁炉和一个管家
附加服务	可通过水内护理来增强水疗体验	可根据要求在水中按摩；在加热躺椅休息室中放松；增加毯子和枕头、淋浴和更衣设施、硅胶或海藻面罩、蓝牙音响系统等（必须单独预订）
注意事项	➢ 2~12 岁的儿童可免费入场； ➢ 2 岁以下幼儿对水中高矿物质含量高度敏感，故不可入水	

此外，酒店还打造了富有特色的 8 个地下主题水疗空间作为上述两大水疗体系的延伸，主要强调亲密关系、温暖、魅力。例如穿过露台主题空间内的熔岩走到一个高架甲板上，宾客可以看到山脉、天空和蓝色潟湖的火山边缘。在巢这一主题空间被落地窗包围的宽敞房间内，宾客可以在悬挂式巢椅上休息，从这个舒适和沉思的避难所凝视着蓝潟湖波光粼粼的海水。在熔岩泉主题空间中可以发现水落入地球的温柔迷人的景象和声音，还可以在桑拿房中被热岩石的干热所温暖，同时欣赏桑拿窗外蓝潟湖的神秘水域。在火这一主题空间中宾客可以斜倚在燃烧的温暖壁炉边，在冥想之光中，感受环境的静与和。

最后，酒店还专门推出针对不同消费需求、消费等级的客户设置的三个等级的一日游套餐，包括舒适、高级、奢华静修（见图 16–1）。此外，还可在此基础上附加服务，如水中按摩（30 分钟或 1 小时，结合按摩疗法的动态乐趣、地热海水的振兴力量以及火山景观的超凡脱俗之美使顾客的思想、身体和精神畅快轻盈）等。

舒适	高级	奢华静修
• 进入蓝潟湖 • 提供硅胶泥面膜 • 提供毛巾等基本物品 • 赠送饮品1杯	• 进入蓝潟湖 • 提供硅胶泥面膜 • 提供毛巾等基本物品 • 赠送饮品1杯 • 选择两个面具 • 熔岩餐厅赠送1杯气泡酒	• 无限次进入蓝潟湖 • 提供硅胶泥面膜 • 提供毛巾等基本物品 • 赠送饮品1杯 • 提供私人更衣室 • 提供静修水疗 • 提供浴后护肤 • 随意进出8个地下空间

图 16–1　一日游套餐各等级享受产品及服务对比

五、拓展服务链条，打造个性品牌：全方位 + 一站式的生活服务

蓝潟湖度假酒店为宾客提供的服务并不局限于酒店的康养服务，还提供酒店接客服务、免费无线网络和豪华的长途汽车车队等游前、游中、游后服务，让顾客从进入酒店前便可以开始放松身心，并将这一过程延伸至离开酒店的归途中。因此，蓝潟湖度假酒店享有极高的顾客满意度和复购率，品牌形象突出且深入人心。

实际上，对于主打康养主题的蓝潟湖度假酒店而言，其服务链条早已突破了原有的酒店服务，逐步探索并串联起与酒店所涉及的康养产品和服务的上下游产业，为顾客康养生活提供全方位一站式的服务体系。例如，因为蓝潟湖湖水中的二氧化硅有益于改善牛皮癣或湿疹等皮肤状况并软化粗糙的皮肤、止痒等，因此成立蓝潟湖研发中心、开办蓝潟湖医疗诊所（治疗银屑病等皮肤病）、设立养生产品销售中心。其中产品系列包括三个不同的系列：SPA、Dermatological 和 BL+。与普通酒店的产品延伸不同，蓝潟湖度假酒店的拓展真正做到了专业与细腻。其研发推广的所有皮肤科产品系列均针对慢性皮肤状况进行了校准，可为干燥、受刺激、敏感的皮肤提供深度舒适感，同时还能防

止复发。同时，研制团队通过选择可持续性的原材料、清洁和可追溯的成分、微藻培养的开创性解决方案（一种消除碳足迹的开创性碳捕获和碳补偿方法），以及负责任的包装（100% 可回收的初级和二级包装，并采用 COSMOS 认证的包装）、包装瓶可重复使用、采用防光紫外线玻璃来延长配方保质期等方法保障产品的有效性和可持续性。

第四节　案例总结与启示

度假酒店的成功往往不在于其奢华、吸睛的建筑设计，尤其是在当下酒店接近饱和的市场背景下，传统的"以貌取胜"的做法已经无法满足消费者逐渐多元化、个性化的体验需求。本案例中的蓝潟湖度假酒店的成功为康养类型的度假酒店发展提供了思路和启发。

首先，树立并坚持可持续、创新与传承相结合的经营理念。可持续性主要体现为建筑材料、酒店设施、产品服务装备的绿色环保。例如，充分利用可降解材料、地热等绿色能源等。创新主要体现在经营模式、服务模式、衍生产品等方面，如本案例中的"养生理疗化"创新。传承不仅仅包含对文化的传承，还包括对物质的传承，例如在建筑选址方面，要充分利用板块的优势资源，如大海、湖泊等，根据酒店的功能需要进行合理布局；又如在景观设计方面充分利用当地的环境，努力体现当地的资源特色。

其次，在度假酒店市场竞争激烈的新形势下，特色化战略成为其发展的必然选择。挖掘地域范围内的独特自然和文化资源是塑造特色主题脉络的根本手段。度假酒店要真正形成自身特色，必须通过挖掘酒店所在地最有影响力的地域特征、文化特质，确定一个特定的主题，以此作为统领度假酒店的核心发展脉络，并围绕这个主题进行酒店的设计、建造、装饰、生产和提供服务，建设具有全方位、差异性的产品和服务体系，从而营造出一种无法模仿和复制的独特魅力与个性特征，实现提升酒店产品质量和品位的目的。尤其是对于康养这一大主题而言，下面仍可细分为水疗康养、森林康养等多种类型。

最后，酒店理念并非靠单一的某个因素即可实现，特别是对于当下竞争激烈的酒店市场而言，更是需要持续不断地更新“主题+氛围+特色+品位+品牌”组合拳，从而提高顾客的满意度和回头率。营造生活方式是度假酒店的最高境界，也是体现其核心竞争力的关键。这一过程主要包括对休闲度假与生活内涵的挖掘、环境的优化、载体的构建、项目的搭配。需要注意的是，这四个方面互相渗透、有机交融、相互促进，因而在设计之时应当注意各个方面的彼此协调。